전체는 무슨 색에 가깝습니까

전체는 무슨 색에 가깝습니까

손세하

현대시학 시인선

* 시인의 말

저녁에는 울어도 돼

라면 먹고 잤다고 하면 되니까

차례

: 시인의 말

1부 뒷면이 검은색이 아닐 수 있다는 가정

2019년	12
전체는 무슨 색에 가깝습니까	13
안 되는 것	14
질문만 하고 싶어	16
그림자	17
거울에 비친	18
세계의 얼굴	19
사랑하는가 혹은 미워하는가	20
크리스마스	22
eau de perfume	24
외면	27
네온사인	32
한쪽 눈을 감습니다	34

2부 눈물은 필요해서

가을에	36
제이의 곁에 벤이 있었다	38
그로부터 10년 후	42
행렬이 이어짐	45
국경의 너머	46
도토리 키재기	49
긴 호흡으로	50
나를 둘러싼	52
숲으로	53
소년이 걸어온다	54
죽은 자의 무덤	55
Exhibition '공간' - 거울 안을 볼 수 있다	56
대화는 이끌어가기도 한다, 발견되기도 한다	60

3부 질문 없이는 시작될 수 없고

숲의 소실점	64
door	65
그다음 사람	66
기울어진	70
상담실	72
The other side of despair	74
어른의 모양	76
어른의 모양 2	79
살아있는 것	80
경배	82
수잔은 집을 보러 갔다	84
젊음의 용기	88

4부 기억하는 방식으로

그리고 과거는 지나갔고	90
불확실성을 다루는 방식	92
분해	95
소설의 첫 문장	98
이야기	101
말의 언어	102
전시회	104
가지 말라는 말	106
동시성	110
안이 궁금할 때	113

: 해설

시詩의 거울을 통해서 본 삶과 이면에 숨겨진 이명異名의 나를
찾아서 | 이충재(시인·문학평론가)

1부

뒷면이 검은색이 아닐 수 있다는 가정

2019년

살리는 말과 죽이는 말을 들었다

나는 집으로 돌아와 울었다
기대한다는 말
꿈을 꿀 수 있다는 사람 같다고 들려서 울었다

전체는 무슨 색에 가깝습니까

전시회에서 이 그림에 한참을 머물러있었다

노랑노랑노랑노랑노랑노랑노랑노랑노랑
노랑노랑노랑노랑노랑회색노랑노랑노랑노랑노랑
노랑노랑회색노랑노랑노랑노랑노랑노랑노랑
노랑노랑노랑노랑노랑노랑노랑노랑노랑노랑
노랑노랑노랑노랑노랑노랑노랑회색노랑노랑노랑
노랑노랑노랑노랑노랑노랑노랑노랑노랑노랑
노랑노랑노랑노랑노랑노랑노랑노랑노랑노랑

걷는 사람 − Acrylic on paper 2024

회색은 짙은 회색이다

노란색은 점점 선명해졌다

안 되는 것

사과나무가 되기까지 사과를 키우는 이야기랑
아삭하게 보이는 사과를 잘라서
후라이팬에 구워 먹는 방법을 쉼 없이 말하고 싶어
알고 있는 것을 말하고 싶은 거 고쳐지지 않네

사진첩에서 제일 앞의 사진과 그다음 사진 바라보면
항상 같은 색만 바라보고 있는 사람이 있다

"왜 검은색만 바라보고 있어, 다른 색도 있잖아"
"다른 색이 뭐가 있는데?"

색의 진하기는
살구색에서 시작해서 어두워져
전부터 어두운 사람인지 알고 있었어
울음은 없어지는 게 아니잖아
거울 앞에서 자기가 보고 싶은 걸 똑같이 볼 수 있어요?

달을 보았을 때 보이는 면과 눈에
닿지 않는 곳 있다
알고 있는데
팔뚝에 긁힌 자국만 보고 있다

나뭇가지에서 열매가 떨어지는 것이 무서울 때가 있다
이루어진 것을 거두어야 하는
익숙한 방식이 새롭게 불편하기만 하다

질문만 하고 싶어

 시작을 알 수 없는 길게 늘어선 줄이 뚜벅뚜벅 앞을 향해 걸어가는 사람의 뒤로 이어진다 모두는 공통되는 주제에 대해서 깊은 말이 없다. 침묵으로 이어진 길 자신의 삶에서 길을 걷는 것은 하나의 문을 지나가는 여정이다 이걸, 과업이라고 부른다지

 우주는 초원자의 폭발로 태어났다던 이론과 사람의 삶이 살아가는 미래는 알 수 없다는 것은 모두 책에서 배울 수 있는 내용이었다

 어디서 시작되었으며 누군가로부터 만들어졌는가 우리가, 시작된 그곳이 어디였는지 우리는 만날 수 있는가

 바람이 방향을 바꾸고, 그림자 지고 아침이 오면 긴 줄의 행렬을 바라보던 사람이 뚜렷하게 보인다 태초의 고민, 그 사람은 자신의 질문에 눈물을 흘린다

그림자

멀어진 곳에서 원점을 바라본다
아직도 가까이 있어, 일부인 것인가

거울에 비친

 현실이라는 장면에 들어가요 부인하지 마세요 억압은 억압을 극대화할 뿐이라고 말하고 싶어요 내면, 느껴지는 것들에 안부를 물어요 어떤 날에 미친개가 되기도 했으니까 안녕이라고 물으면, 오늘은 개가 되지 않은 날이에요 이렇게 대답하고 싶은 날도 있어요 억압된 에너지는 결코 승화의 방향으로 나아갈 수 없다고 믿으니까요 어떤 형태는 자기 자신이 되고 싶어요

 물리적으로 할 수는 없어요 그곳으로 나아가는 데에는 길을 잘 아는 사람이 필요해요 반영이란 말이 어떻게 들리는지 모르겠지만 거울과 같은 말이라서 개는 말 그대로 거울을 보면 개의 모습이 보여요 사람이 되고 싶은 사람이라고 말을 해야 하나, 거울을 보고 자기 모습을 인지할 수 있는 형태라고 해야 하나 저는 그게 좋은데 말이에요

세계의 얼굴

 흐르는 물과 같이 오른쪽과 왼쪽에서 오는 바람에 흔들리고 있어 빛들은 가야 하는 곳을 가리키고 있다 사랑과 증오에 대해서 무언가를 가지려 한다면 둘 중 하나는 포기하는 연습을 해야 할 거야 둘 다 가질 수는 없는 법이니까 빛나는 곳 중앙으로 걷고 싶어

 거리에 사람들이 길을 걷고 있다 밤의 거리를 걷던 사람들은 안개와 허상으로 사라지겠지 나는 모호한 표정으로 모호한 밤을 걷고 걱정하지 말라고 말하던 너는 아직 오지 않은 내일을 걱정하고 있구나 아침이 되면 사라질 세계 사이의 균열이 무섭기만 하다

 몇 년 전, 자주 들르던 동네의 음식점이 없어진 것과 같이 존재하는 명사들은 사라진다고 감각한다 사라진다면 다시는 같은 기억으로 기억할 수 없어 입에서 입으로 전해 내려오는 감정으로만 느낄 수 있으며 똑같은 실수를 반복한다

사랑하는가 혹은 미워하는가

 우리는 꽤 오랜 시간 붙어있었지 궁금해 언제나 빛의 얼굴은 빛일까 자신의 기질을 포기할 만한 상황에서도 선은 선일까 궁금했던 것처럼 너는 되도록 빠르게 자신을 수용한다고 말해줬으면 좋겠다 인생에서 슬픔이라는 단어는 아예 없을 수는 없으니까 그림자는 그림자를 받아들이는 거 말이야 자신의 외면하고 싶은 부분을 인정하는 거, 단기간에 있을 수 없는 일이야 왜 항상 같이 살고 있는 사람 말고 다른 사람이 되고 싶어지는 것일까 날마다 밤이 되면 슬픔 속을 걷는 사람으로 변해갔다 몽롱한 사람만 기나긴 밤을 걷고 있지

 그림자가 없으면 이상하긴 해 내가 서 있는 반대에 있는 사람은 빛에 서 있던 사람 우리는 오래전부터 외면하며 살았다 라면을 먹고 잤다고 거짓말을 했다 지난밤을 새워 최선을 다해 사랑하지 못한 것을 후회하며 울었다 난 좋아해, 라고 말해 좋아하지도 않으면서 나를 건딜 수 있었으면 좋

겠다 이건 아름다운 말들로 말할 수 있지 같이 걷는 게 어색하지 않았으면 좋겠어 난 이 말을 하고 나서 밤의 창문을 열고 하늘에 떠 있는 달을 올려다보며 달의 뒷면은 검은색이라고 말했다 넌 웃었다

크리스마스

 생일이었다. 나는 내 앞에 사람을 바라보았는데 그는 나를 보고 웃었다. 그는 자기를 바라보고 있는 나를 사진에 담았다. 내 앞의 사람을 바라보던 사진 속 눈동자는 반짝거리고 있어. 공간에 흐르던 노래는 시간이 지난 후에 선명하게 기억된다. 흐르던 감정은 머무르고 싶다. 영원이라는 것, 믿고 싶었는데 시간이 한정되어 있음과 영원할 수 있는 것 사이에 머물러 있다. 흐르는 울음을 멈추고 싶다. 울음을 멈출 수 있어야 할 때 멈추고 참는 기능을 온전히 수행할 수 있었으면 좋겠는데 기대고 싶었는데 어디에서도 기댈 수 없다. 공간에 조명이 켜지면 마치 크리스마스 같아.

 생일이 같다는 이유로 생일을 축하한 적 있다. 아주 어린 나이에 동질성은 중요해서 사람과 사람 간 호감의 주요인이기도 했다. 진심 없는 허울로 다른 이의 탄생을 축하한 적 있다. 해마다 돌아오는 연말이 되면 크리스마스를 진실하게 보내고 싶었다.

괜찮다고 말하고 싶었어. 홀로 걷고 혼자인 것. 가끔 다른 곳을 보고 싶고 아예 다른 사람인 것처럼 말하고 싶었다. 편지를 쓸까 하다가 재현이라는 단어를 시인의 책에서 골랐어. 다시 그 공간으로 돌아갈 수 있다면 나는 눈으로 말할 수 있을까. 상대를 향한 마음을 말이야. 그럴 수 없는 나이라는 것을 알고 있어서.

거리에 사람들. 펍의 창가에 기대어 밤을 지나고 있어. 상점에서 노래가 흘러나오고 여기저기서 관계의 환희가 울려 퍼진다. 주위를 둘러보면 모든 것들이 크리스마스 같아. 웃고 떠들며 서로에게 관심을 가지는 행위들. 이질적이다. 풍족해 보이지만 진실에 대해서만큼은 망설이고 있는 것처럼.

eau de perfume

불량식품 같은 어린 시절 초등학교 문방구가 떠오를 때
나는 멈추어 있었다

다른 사람의 손을 잡고 손을 내려놓는 것이
중요한 것이 아니라고 느껴질 때
흔들리지 않는 향기가 근처에서부터 느껴져서 고개를 돌린다
어릴 때 즐겨 먹던 습관 같은 맛에서부터
잘 섞어지지 않는 맛을 느끼기 시작했다

본질이 흐트러지지 않은 향을 가지고 있는 사람이 보였어

모이게 하는 힘
압축된 강도
한곳으로 합쳐짐
오래도록 지속됨

색의 진하기

그를 뒤돌아서 바라보았다

/

앞으로 나아가는 힘들을 적어 본다

빛이 새겨진 사진 속 그림자 아주 느린 거북이
가을의 온도 여름의 장마 떨어지는 플라타너스
한낮의 사랑
검은 눈동자의 반짝이는 동공
예술가의 처절한 고난
지나간 슬픔 마주하는 환희
현실을 일깨우는 시간
실존을 경배하는 일

자기 자신의 움직임, 자신의 태도

초록의 숲 온전한 주황

빛 뒤척이는 숨 이어지는 꿈

머리에 두 손을 올려 깍지를 낀다

자신이 지닌 향이 무엇인지 모르는 채로

헤매고 있는 사람의 흔적이었다

외면

『기름과 물의 이야기』단편 중 [물은 길을 알고 있을까]

티라사이언스 : 저녁으로는 육류를 먹지 마세요. 권고합니다.

being : 역시, 인류는 한 발자국 더 나아가고 있어.

티라사이언스는 '듣고 있습니다. 다시 한번 말씀해 주세요.'라고 언어를 내뱉었다.

being : 진보라는 뜻을 이해, 아니 받아들이는 것이 어렵구나. 아직, 여기까지는 못 미치네.

이 말에 티라사이언스는 아무 소리도 밖으로 꺼내지 않았다.

being : 난, 네가 똑똑해지기를 원하지만, 동시에 초조함이 함께 한단다.

being은 책상에 앉아서 혼잣말한다 우리만큼 우리를 잘 이해하는 종족은 없어 세계에서 우리의 대체라는 단어를

향해 달려가는 거 같아 우리는 우리다움을 잊어갈까 —답
다 라는 뜻에 답을 하고 있어? 우리는 일부분이 사라질 수
도 있다 불가능하다고 생각해 이를테면, 요리할 때는 허브
솔트 소금이 필요하니까 미역국에는 미원과 후추로 밑간을
한 고기를 넣는 것이 맛있으니까 그리고 (그는 책상 위를 손
가락으로 소리를 내면서 잠깐 멈추었다) 달리는 걸 멈추는
데에는 그럴만한 이유와 이유에 합당한 힘이 필요해 올라
가는 거, 머물러 있거나 잡을 수 없는 속도의 사이에 우리는
있구나

다시 한번 말씀해 주세요

티라사이언스는 음성으로 존재를 알린다
being은 종료 버튼을 누른다

나무는 being을 바라본다

  being이 우산을 쓰고 지나간다 나는 새들의 안식처가 되기도 했는데 being에게 한 번이라도 그런 적 있었는지 지나갈 때마다 묻고 싶다 모든 것은 연결되어 있다 침범하는 것이 없으면 흔적이 없이 사라지는 것이 없고 움직이지 않으면 그것에서부터 멀어지는 세계 A인 것 같지만 B이기도 하는 세계 모양이 다른 종들은 각기 다른 모양의 생명을 지닌 채 현재와 미래와 과거에서부터 희망의 빛이었다 구석지고 그늘진 곳에서는 모양이 각기 다른 눈물들을 마주한다 이상한 우연이다 being은 왜 being이 되었을까 그에게는 그만의 길이 있을까

being의 일기장

상대가 전화를 받는다 분명히 마음이라고 말했는데, 상대에게서 미약하다는 신호가 들린다 수화기 너머로 목소리가 들리지 않는다 나는 지금 말하고 있어, 내 목소리가 들려? 들리면 대답해 대답해 줘 뚜– 뚜– 거리다가 끊기는 신호에 재다이얼을 눌러 연결을 시도한다 전화는 끊기지 않았다 마주 닿으려는 행위를 잊은 적 없었는데 음식을 가져다주려고 그러니까 몇 시까지 집 앞으로 나오라는 말을 하고 싶었어

　전화를 받을 수 없습니다
　소리샘으로 연결됩니다
　연결된 뒤에는 통화료가 부과됩니다

　라는 음성이 나온다

광—장에서 있었던 일

'그러나' being은 말하고 다녔다 그건 그의 일이었으므로 어제 있었던 일, 어제 먹은 밥, 어제 보았던 것 어제 그는 누구와 연결되어 있었을까 광장으로 터벅터벅 걸어간 being은 의자에 걸터앉는다 단지 말하고 있었다 그건 그의 일이었으므로 본질과 가까운 형태 어느 한쪽이 크면 다른 쪽은 힘을 잃는다

'그러나' 말하고 있어, 긍정적인 열망으로 어딘가에 연결될 거라는

블루투스의 색깔이 아주 희미하게 반짝거린다

네온사인

 연두색 옷을 입은 남자가 맞은 편에서 나를 바라보고 있다. 그와 대화하는 여자가 서로 마주 보고 있었고 남자는 짙은 그림자가 그려지는 조명 아래에 있었다. 나는 앉아 있던 자리에서 나와 마주친 눈을 바라보고는 내 얼굴에 손을 가져가며 저 사람 빛나고 있다고 엄마에게 들리게 말했다. 나는 유독 빛나는 것들을 바라보는 것을 좋아했는데 길을 걷다가도 멀어질 때까지 빛이 소실점이 될 때까지 보는 것이 버릇이었다. 빛나고 있는 것들은 주위를 몰입하게 했다. 그들만이 가지고 있는 힘이었다. 피아노 위로 네온사인에 컬처 스테이지, 문화의 무대라고 쓰여있었다.

 예술은 무엇이고 무엇을 도대체 왜 말하고 싶은 것인가. 장면은 롱테이크로 이어졌다. 부끄러운 감정과 무언가 되고 싶다는 마음을 함께 느꼈는데 오랜만에 느끼는 양가감정이었다. 어쩌면 선한 마음일지도 모르겠다. 난, 왜 예술을 하는가. 백지상태처럼 영화관을 나왔다.

기도보다 행동을 하고 싶었는데 달라진 것은 없었다. 그건 어렸을 때부터 알고 있었어. 앞으로 나아가기 위해 질문에 답하고 싶었다. 나는 연기자의 배역에 대한 진실함에 동화되어 눈물을 흘렸다.

한쪽 눈을 감습니다

나는 선과 악이 공존하는 세상에서

빛과 어둠이 있는 세상에서

보고 싶은 것을 선명하게 보기 위해

한쪽 눈을 감습니다

2부

눈물은 필요해서

가을에

하늘이 어제보다 높아 보여서
어제보다 큰 꿈을 꿀 수 있을 거 같다
방구석에서 울던 아픔이 흔적도 없이 사라진 곳에
생각하는 사람이 앉아 있다
슬픔을 용서하는 사람이 될 수 있을 거 같은 마음

빛을 온전히 느끼고 슬픔을 충만하게 느껴서
우리의 꿈들은 연결되어 있고
따듯한 말을 하고 싶을 뿐이다
흔들렸으면서 흔들리지 않은 척 나는 어제를 사랑하고
하늘을 보면 눈물이 나와서
높은 곳에 가까이 있다는 기분을 느낀다

작은 방에 큰 사람이 앉아 있는 것 같아
나는 아직 나를 인식하지 못하고
무서움을 느끼지만 도망가지 않았다

사랑이 어디에서나 발견될 것이라는 믿음

빛나는 것들은 어디로 흘러가나
나는 어른이 아니라 믿고 싶은데
인식하기를 바라는 사람만이 있어

계절이 지나간다

제이의 곁에 벤이 있었다

제이, 아까부터 무슨 말이야 벤이 말했다
우린 서로 눈인사했어 눈이 맞았었는데
무엇이 부족했을까 제이는 벤의 눈을 초점 없이 바라본다
제이, 눈을 똑바르게 떠 벤은 제이의 볼을 꼬집었다

                X가 제이를 향하여 했던 말

X : 제이, 너랑 내가 함께 가고 싶어 하던 곳을 갈 수 있을 거 같아? 우리는 맨날 눈을 맞추면 다른 음을 내잖아. 많이 지쳤어. 네 안에 내가 볼 수 있던 순수한 마음과 미래를 그리던 빛나던 것들이 보이지 않기 시작하고, 내 안에 너와 함께 가고 싶은 곳을 향해 움직이던 것들이 멈추어 있어. 우리는 자신의 행운을 각자 가지고 이기적인 것들만 서로를 향해 비추고 있던 게 아니었을까. 넌 어디를 보고 있어? 나는 수평선을 가끔 바라봐. 우리가 함께 가고 싶어 하던 곳을 바

라보고 있었어. 있잖아, 나만 보지 마. 내가 없어지면 넌 흔적 없이 증발하여 사라지는 나를 보며 울고 있을 게 뻔해. 나와 나누어 따로 걸어도 이건 약속할게. 나는 너를 언제까지고 응원할 거야. 우리의 완성이라고, 관계가 끝난 후에 완성이 된다는.

제이의 일기장

3월 수요일

우리는 오랜 기간 함께 걸었고 나는 오랫동안 그의 손을 바라보았다 그의 손이 따듯했다 그는 나를 보고 자기를 보지 말라고 어느 순간부터 다그치기 시작했다 나보다 너의 삶, 너의 사람들, 너의 일이 우선이 되어야 한다고 말했다 어느 순간 영원과도 같게 느껴지던 그와 자연스럽게 멀어지게 되었다 그는 다른 길로 멀어져가면서도 멀어져가는 자신을 보지 말라고 말했다 자기가 어느 순간 나에게서 멀어져도 너는 너의 길을 가라고 말하곤 했다 나는 그가 사라진 거리에서 울고 있다

제이와 벤이 이야기하다

벤 : 제이, 제이야. 아까부터 혼잣말로 무슨 소리를 하는 거야. 왜 나를 보는 눈에 초점도 없이

제이 : 벤, 사라졌어. 누군가가 없어도, 나의 길을 가야 하는 거 같은데 나는 그게 너무 어려워. 형식 밖에서 일어난 이야기들을 믿을 수 있어? 나는 형식 너머에서도 이야기가 존재한다고 믿어. 이야기는 형식이 담지 못해. 형식이, 담지 못하는 이야기도 있어. 그럴 수도 있어.

벤 : 때로는 우연이든 필연이든 일어난 일들을 사람이 온전히 마음에 담을 수 없지. 네 말대로 형식은 담지 못할 수 있지. 그럴 수 있어서 네 말이 맞을 수도, 아닐 수도.

제이 : 있잖아, 벤 너머에서 일어나는 일들을 말할 수 없어서, 숨이 막혀.

벤 : 자기 세계를 이루어감이라는 것을 소중히 여기고 조금은 자유로워졌으면 좋겠어. 너 자신이 말이야. 제이, 눈물을 닦아.

                    장면

제이는 벤을 바라보았다

그로부터 10년 후

제이의 독백

가던 길을 멈추었는데

길에서 만난 구원은 멈추었던 걸음을 다시 걷게 한다

오래전 헤어진 사람이 오래도록 행복했으면 좋겠다

오래도록 기도했지만

앞으로는 하지 않았으면 좋겠어

엄마는 평범하게 살라고 말해

제이의 일기장

3월 수요일

위기는 나를 보여줄 수 있는 기회입니다

기회는 쉽게 오지 않는다

마음이 아픈 기회를 노리기는 싫어

과거를 걸으며 지금에 있지 않을 때

내일을 이야기하며 어제에 있지 않을 때

나는 현실을 그럭저럭 살아가고 있는 걸까?

후회하지 않았으면 좋겠어. 그럴 수 있으면 좋겠다

깊은 밤에는 잠을 자는데

나는 나를 견디는 게 아직도 버겁습니다

죽고 싶은 만큼 살고 싶을 때

뒤돌아보니 지나간 순간이 다 아름다웠는데

사실은 몰랐습니다

저녁인 줄 알았는데 새벽이라는 사실을 알았을 때

멈출 수 있었다

깊어지기 위해서 더 크게 우는 행위를

행렬이 이어짐

 사람들은 줄의 시작을 끊지 않고 이어간다 자유에 대한 모양일 것이다 투쟁하는 것들 자유를 찾고 있다 지금보다 나은 세계를 원하고 있다 경계가 없이 출입을 할 수 있는 것은 숭고한 것 기꺼이 다른 사람을 위해 자신의 시간을 내어 걸어간다 깃발은 언제나 펄럭인다 자유를 향해 움직이고 있는 깃발을 수호해야 한다 광장에서 사회자가 마이크를 잡고 말하고 있다 임금 상향이나 노동 강도의 완화 같은 것들을 요구하는 내용이다 사람들은 편리함과 구속되지 않음을 추구한다 지향하는 바는 형태가 여러 가지로 변할 수 있겠다 다만, 추구하는 것들이 다를 수 있겠다 다만, 자유는 우리를 수용한다 나도 나의 깃발을 들고, 줄 가까이 향해 나아가고 싶었다 깃발을 보고 마주 선 사람과 사람들의 간격이 인생을 넘어서는 행렬로 이어질까 나는 행렬의 반대편에서 직선으로 걸어가며 쏟아지는 해를 손으로 가린다 소리는 점점 가까워지고 있다

국경의 너머

 눈이 왔어요. 밤이 온통 짙어졌어요. 사람들은 추워서 외투를 입어요. 검은색 외투예요. 빛을 잘 흡수한다는. 있잖아요, 지향점이 빛은 아니지만 검은색보다 마음이 가는, 싸움은 어디서든 일어나죠. 상대에 대한 잘못만 보고 싶을 때 그런 나라에 눈이 오면 눈으로 덮인 곳을 치워야겠다는 생각만 제일 먼저 들어요. 무엇이 옳은 것인가는 누군가의 신념에 달려있어요. 봐요, 각 사람은 등불이 있어요.

 치우지 못한 눈은 그대로 얼어 꼭 해결되지 않은 어린 시절의 상처 같아요. 얼음이 되기 전에 길을 내야 합니다. 뭔 소리예요. 우리 집 강아지가 얼어 죽게 생겼는데 제가 이번에 다리를 다쳐서요. 당신이 길을 내면 되지 않겠어요? 그나저나 마을 초입에 다리 공사를 보수해야 할 거예요.

 무슨 말을 하는 거예요. 도대체 눈이 왔어요. 얼음이 되기 전에 치워야 우리는 넘어지거나 부상을 당하지 않는다고요.

이봐, 우리는 이런 거 익숙해. 흥분하지 말라고. 눈은 와. 얼음은 얼어. 해는 뜰 거야. 그럼 내일이 된다고.

불편하지 않아요? 불편하다니. 우리는 이렇게 살아왔어. 익숙한 것을 벗어나려면 항상 모험심이 필요하지. 이봐, 그러나 우리에겐 순리가 있다고. 모험심이 필요하지 않은 때도 있다고.

녹을 때까지는 아직 시간이 남아있었는데.

이상한 동네의 사람들. 저는 눈을 헤치고 걸어 나갔어요. 목적지는 정해지지 않았지만 순리니 뭐니 하는 사람들이 싫었어요. 길을 걷다가 불이 켜진 집을 발견할 수 있었는데 그 집은 마당에 눈이 없었어요. 저는 발걸음을 멈추었어요. 커다란 빗자루로 눈을 쓸고 있는 사람이 보였어요. 순간 느껴지는 이질감. 그토록 외치고 다녔던 말의 움직임이 보이는 곳에 있었습니다.

 국경에 마주 닿아 있습니다. 저는 넘어가기로 했어요. 저는 눈은 얼음이 되기 전에 치워야 한다고 말을 해야 하는 마음 깊숙한 곳에서부터 사명감이 일었습니다. 조금 전에 강아지 이야기를 한 사람도, 집에 있겠다고 한 사람도 싫었습니다.

도토리 키재기

검은색은 서로의 깊이를 헤아릴 수 있을까

그것에도 더 짙은 색이 있다고 하던데

긴 호흡으로

잠에서 깨어났을 때 겨울을 지나고 있었다
모든 것들이 살아나고 있었지
방들은 비워지고 있다

슬픈 이야기가 생각나면 계속 말하고 싶어
늘 슬픔이라는 단어를 흘리고 다니게

방 한쪽에 장면들의 이름이 있다
문제와 그것을 대하던 태도
편견과 마주하여 싸우던 마음
희망의 또 다른 이름 절망
분노의 새로운 변형 다짐

참, 오래전부터 울고 있었지

달력을 넘기며 숨을 더 깊게 쉬자고 말해

밤을 헤매던 얼굴을 돌려

긴 호흡으로

무언가 발견되기를 원하는 간절함으로

형상을 마주한다는 깊은 갈망함으로

나를 둘러싼

읽는 사람에게 해석의 여지를 줄 수 있는 모호한 문장을 좋아해 주황이라는 단어 검은색은 나의 그림자 같거든 회색은 무엇보다 희게도 검게도 하지 못해서 깊은 이라는 단어 언약이라는 단어 공포심이 몰려오지만 사람은 영원한 약속 앞에 무너지니까 바다라는 단어 파도라는 단어 포말 그 흔적 그 안에 무엇이 살아있어서 무언가 살아있어서 무너짐과 재건이라는, 이상하게 들릴지 모르겠지만 나는 무너지는 것이 좋아 그것은 경이와 신비로 만들어지는 무너지고 다시 새롭게 된다는 것은 새로운 삶이 시작된다는 신호가 될 수 있어서 세계의 절반이 파란색이고 주황색일 때 세계의 절반이 빛과 어둠일 때 그 가운데 회색이 색을 섞을수록 더 진해져 원래의 색을 알아보기 어렵게 된다면 극으로 치달아 좋아하는 것이 양극을 달리한다 그 가운데 회색이 존재한다면 언제나 그 중간에 회색지대가 있고 나는 그곳을 주목하고

숲으로

 안으로 들어가기 위해서 문을 두드리고 있습니다 입구에서 문장들은 때때로 내가 어디에 서 있는지 무엇을 하고 있는지 말해 주었어요 내가 사랑하는 사람은 당신의 살아있는 흔적으로 들어갈 입구를 보여주세요 라고 말합니다 빛과 만졌던 촉감이 살아있는지 죽어있는지 알 수 없는 곳 살아있음을 느끼는 건 오직 감각입니다 저항하는 것, 외부와 내부의 소란스러움입니다 힘을 가진 쪽, 문을 향해 나아가고 오로지 두드리면 열리는 형식은 중요하지만 망설임도 중요했어요 넓은 곳으로 가야 해요 그곳에 많은 것 있어요 떨어져야 합니다 깊은 곳으로 도망칠 수 없다고 말하는 숲을 지키는 산림관리원 숲에서 살아있는 감정을 느꼈다고 말했습니다 나는 그 말에 기쁜 나머지 문을 열었어요 보았습니다 다양하고 모르는 것들이 충만한 곳이었어요 심연으로 들어가면 마주하게 되는 빛 그 통로 빛은 항상 그 방향으로 들어옵니다

소년이 걸어온다

소년이 유리문을 열고

일직선의 길을 걸어서 음식을 받는 곳으로 온다

연두색 의자가 빈 곳으로 가지런히 나열되어 있다

작은 입과 작은 목소리로 나에게 질문할 때

목소리에 묻어나오는 티 묻지 않은 맑음이 좋았다

그는 왔던 길을 '오직 자신의 걸음으로' 걸어 나갈 것이다

평범하지 못하다는 것, 비범할 수 있다고

다르다는 건 다른 의미로 특별하다고 말하고 싶다

겪지 못했다는 건 또 다른 무언가를 겪는 것이라고

나는 전해주고 싶다

죽은 자의 무덤

어제의 당신이 죽어가면서 남은 것이 있었습니다.

당신이 남긴 흔적, 무엇이었는지 나는 외면하고 싶었어요. 상황으로 분명하게 알아낼 수 있겠지만. 온통 신경이 쓰이는 것을 나는 모르는 척하고 있는지도 모르겠어요. 당신의 방향은 어디로든 넘나들 수 있는 바람을 향하고 있었을까, 모든 의식과 무의식으로부터의, 유리 같이 깨지기 쉬운 외면과 끝이 보이지 않는 것으로부터의, 누르는 것들과 밀고 들어오는 것으로부터의, 해방. 당신이 죽어가면서 마음속에서 꿈꾸었던 이것들로부터의 벗어남. 바라던 나라에 도착했나요. 나는 묻고 있습니다. 나는, 당신이 그러길 간절히 바라고 있어요. 때때로 살아가면서 가라앉는 것들이 있어요. 나는 말하고 있습니다. 매우 무거워서 뜰 수 없는 것들. 진심, 그것은 무거운 문장. 말하지 않는 침묵. 사람이 경계에 서 있을 때 어떤 사람이 될 수 있고 없고의 사이에 서 있을 때. 침묵은 말하고 있습니다. 많은 것들을 움직이곤 합니다.

Exhibition '공간' - 거울 안을 볼 수 있다

오전에 전시회에 다녀왔다 손을 잡고 벤과 함께 들어간 곳에서 나와 그는 혼자가 되었다

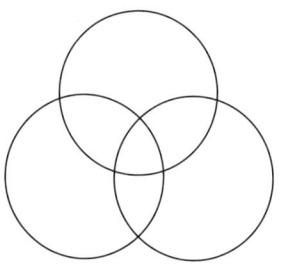

검은색은 빛을 흡수한다

빛의 삼원색이 그려진 그림 옆에 있던 글씨에 사람들은 멈추어 있었다 벤은 멈추어 그림을 바라보았다

"아주 오묘한 색깔과 검은색"

나는 혼잣말 했다

"그지, 넌 어느 쪽이 더 좋아?"

벤이 나를 바라보며

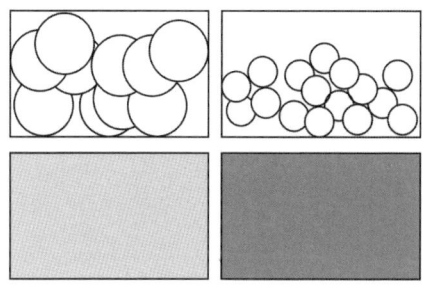

가득찬 것은 말하고 있다

"제이야, 아주 완벽한 파란색은 있을 수 있을까? 될 수 있을까?"

"아니, 완벽한 건 바라지 않아 파란색 있잖아 파란색은 파란색이고 싶을까?"

"그렇다는 가정하에"

"온전할 수는 있겠다 그가 그것을 원한다면"

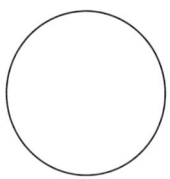

사물이 보이는 것보다 가까이 있음

"거울, 진짜 가깝게 보인다 얼굴에 여드름 자국 좀 봐"
벤은 내 얼굴을 꼬집고 머리를 흐트러트렸다
"귀여워"

'걷는 사람'이라는 그림 앞에 다다라서 벤은 나에게 이렇게 말했다

"완벽함보다는 온전함에 가까운 것 같아"

제이의 기록

벤이 굉장히 좋아했다 나도 좋았다 성공적인 데이트였다
아, 뿌듯

대화는 이끌어가기도 한다, 발견되기도 한다

대화

 우리는 서로 얼굴을 향하는 것 같아 마주 보며 선명해지는 것 같지 않아? 너는 해맑게 물어본다 창가에 앉아서 날씨가 변화하는 걸 바라봤어 시시각각으로 다르게 흘러가는데 거기서 내가 뭘 더 할 수 있었겠어 즐기거나, 투덜거리거나 그럴 수 있을 뿐이지 길을 걸어가면서 사람들의 표정을 봤어 보통은 무표정의 얼굴이잖아 깊어가거나 넓혀지거나 도망가거나 그 외에 할 수 있는 게 있을까? 내면 있잖아 이해하기 쉽고 아름다운 말들로 책들은 말하고 있었어

 표정이 한 감정으로 집중된다는 말이 믿어지니?

 어쩌면 준비되어 가고 있는 거 같기도 해 우리는 대비가 되어있을까 하여간, 본성대로 사는 게 좋은 거라니까

그게 좋을 거라고, 너는 생각하는 거야?

응, 빨간색은 빨간색이잖아

혼자서 말하는 사람

 지난밤 검은색 하늘에 먹구름이 끼었다고 뉴스에 나왔다 검은 하늘에 먹구름이 보이나, 근데 그게 뭐 별 거라고 뉴스에까지 나오냐고 투덜댔다 두 가지 세상이 있고 그 둘은 마주하고 만나는 것 없이 경쟁했다 희한하게도 그 둘은 비율이 비등비등했다 나도 가끔은 마음속에서 두 세계 사이를 왔다 갔다 했다 목소리를 낼 힘이 있을까 해도 무슨 목소리라며, 사는 건 '사는 거지'라고 입 밖으로 뱉어내고 싶었다

순수한 상태에는 화내지 않고 말을 하고 싶다

 그런데 누가 지켜 네가 내게 말을 한다 나는 고개를 저었다 준비되어 가는 거 아닐까 다가올 세상을 위해 다가올 세상을 향해 준비되어 있을까 검은색은 어떻게 하면 무채색이 돼? 넌 순진무구한 표정으로 물어봤다 나는 거기에 물을 틀어놔야 한다고 말했어 그리고 다른 곳에 물이 빠져나갈 공간이 있어야 한다고 이야기했어 틀어놔야 해 검은색은 흐르는 물에 압도되어 흘러갈 거야

3부

질문 없이는 시작될 수 없고

숲의 소실점

걸어가면서 멀어져가는 것들이 싫었다 멀어져가는 것들은 지독한 어린 시절의 고민과 닮아있어서 나무들은 옷을 벗는다 침엽수가 침엽수 모양으로 뻗어있다

걸어갔던 이의 이름과 헤매던 사람의 흔적

울창하고 우거진 숲에서 기억하는 지나간 나무의 나이테 하얀 눈으로 덮인 곳에서 겨울 내내 이곳에 찾아와 눈사람 만들고 웃고 뒹굴던 이들을 회상한다 장면은 멈추고 머무르게 한다

어디로든 길이 이어진 곳에서 왔던 길을 뒤돌아보며 걷는다 눈앞에 안개가 가득했었기에 보이지 않는 것에 대한 신비가 느껴졌는데 숲의 소실점까지 이어지는 길에서 홀로 걷는 사람에게 나무들은 말을 걸지 않는다 걸을 수 있고 멈출 수 있었다 도망갈 수 있었다 자신의 걸음으로 헤맬 수 있었다

door

문 앞에서 누군가를 기다린다

문을 열고 싶었지만 나는 손잡이를 잡지 않았다
문은 들어가는 곳이다
문은 나가는 곳이다
문은 밖에서도 열 수 있고 안에서도 열 수 있다
문은 안에서 밖으로 나갈 수 있는 곳이다
문은 잠글 수 있다
문은 손잡이를 잡고 열 수 있다

문은 열고 닫을 수 있다

닫을 수 있다
열 수 있다

문은 안으로 열릴 수도 있으며 밖으로 열릴 수도 있다

그다음 사람

 나는 눈앞의 상황이 못마땅하게 여겨지고 마음에 들지 않는다. 귀를 막은 사람들에게 들리지 않는 비명으로. 죽어가는 것들은 항상 흔적을 남겼다. 죽음 앞에서 잃어버리는 태도에 희망이라고 불리는 것은 남았고. 이어진다. 잃어가는 것들은 애써서 말하고 싶지 않다.

 폭탄은 여기저기 설치되었다. 나중에 이곳은 비무장지대가 될 것이다. 사람들은 집 밖을 나오지 않았다. 돌아다니는 사람은 총과 칼에 맞아 죽어갔다. 비열함과 잔혹한 감정들이 살아서 돌아다닌다. 잠을 수는 없었다. 자유는 자유를 말하고 있는데 서로 다른 상황의 대치된 자유는 공통된 것을 하나로 만들고 대립을 선명하게 보여준다. 하늘을 날아가는 비둘기는 방아쇠 한 번에 끝난다. 탕—

 조용히 상황을 지켜보고 있는 '읽는 사람'이 있다. 그는 더 나은 꿈을 가지고 일어섰다.

상황을 지켜보기만 하는 사람도 있다. 아무것도 하지 못하는 사람은 다른 의미로 비참할 뿐이다. 달력은 넘어가면서 지식이 넘쳐난다. 말하고 싶은 것들을 말하지만 중요한 것은 말하지 않는다. 일상의 금기어는 폭력과 잔인함과 숭고한 희생과 사랑의 최전선이므로. 어느 것이 옳고 아닌지도 더는 말하지 않는다. 그것은 언제라도 달라질 수 있다. 우리는 그것을 서로서로 나누어 가지며 인정한다. 단지 말할 수 있다. 죽음 앞에 무력하고 영원으로의 방향은 슬픈 감정이다.

"제거했다." 나는 혼잣말했다.

그것은 지키는 겁니까. 방어하는 것입니까. 불빛을 들고 다니는 사람이 보여요. 나는 그 사람과는 부딪히지 않게 걸을 거예요. 길이 보이게 되면 넘어지지 않고 걷는 게 중요하니까. 어떤 불빛이어도 결국에는 같은 색을 지닌 사람들과 걷게 되니까. 사랑하는 색깔은 더욱 보이게 해주세요.

그런데 당신, 그다음 사람이 뭔데 자꾸 기다려요.

그다음 사람은 행동하는 사람.
가능하다면 내가 알아채지 못했으면 좋겠어.
세계는 서서히 물들어갈 거야.

고요한 공기가 얼굴을 감싼다.

공간 밖에서 저벅저벅 소리가 들린다. 알 수 없는 언어가 들려온다.
헤드라이트가 내 눈을 향했고 눈을 향해 조명되는 빛을 막았다.

우리를 찾아온 사람은 어떤 사람일까.

여러 사람이 총과 칼과 국기를 들고 대치했다.

기울어진

쓰러진 옷더미에서 물이 증발하고 있어
정리하지 못한 그릇들이 부딪치며 깨지고
차가운 식탁 대화에서는 어제의 꿈이 사라진다
사랑 없던 사람들에 대한 단상

돌아보지 못한 방에는 문장이 엎드려 있어
한편 널브러진 이불은 자리를 찾지 못했다
떠나는 사람에게 인사하지 못하고 문을 닫고 나왔어
그것이 최선이었다
말하고 싶었어
가고 싶던 곳 말이야

간절하게 빛 가까이 가고 싶던 날
어둠을 향해 자기 발로 향하던 날

절망으로 선택지 앞에 서 있던 사람은

그가 걷는 발걸음으로 짙어지겠지

이별의 의미는 서로에게 다를 수 있지만

사진은 찢을 수 있다 행위는 지울 수 없다

가장 혼자인 이유로 당신은 방 안에 있어

당신은 여전히 말수가 없고 괜찮은 듯이 살아갔다

괜찮다고 말하면 괜찮은 사람이 된 것처럼

여전히 기울어져 있어

상담실

온전한 침묵은 빨간 레드카펫 뒤에 있다

보이는 것과 달리 이뤄진 것들은 허다한 실수를 바탕으로 한다

울고 있는 사람이 넘어진다

    무거운 것은 아래로, 가벼운 것은 위로

"키우던 식물이 죽었어요 배는 고프지만, 배가 고프지 않아요 알아요? 이런 모순, 하는 일을 해야만 해서 하고 있는데 하는 일을 잘하는 건지는 모르는 기분을 말이에요"

"많은 사람이 그렇게 살고 있어요 그러니 괜찮아요 감정을 그렇게 두세요"

"외로움을 견딘다는 표현을 하는 게 싫어요 견디는 것보다 머문다는 표현이 좋다고 생각해 그게 잘 안돼"

"모든 것들은 시간이 필요해 그러니 거기에 머물러보세요"

"걷고 싶은 건지, 뛰고 싶은 건지, 무언가를 쓰고 싶은 건지 모르겠어요"

"당신은 당신의 마음을 모르겠어요 그렇죠?"

모호한 대화

깊이는 고통을 견딜 수 있다면 한계를 확장할 것이다
무엇이 되어야 한다면 그건 결국 자신의 모양
파도를 마주하여 죽지 않는다면 강하게 될 것이다
당신은 당신에게 어떤 사람인가
질문 없으면 시작될 수 없다
분노 때로는 절망이 사람을 움직인다

The other side of despair

　우리의 만남이 엊그제 같은데 십 년이면 강산이 변한다는 문장에 도착했어요. 당신 앞에서 울던 울음은 발견하고 싶은 것을 발견했으며 원하는 바를 향하여 의식을 기울이고 있다, 말하고 싶어요. 저는요, 어디로든 도망치고 싶었어요.

　생이 가르쳐준 한 가지. 고통을 피하지 않고 마주하는 것의 용기. 삶에서 고통이 남기고 간 아름다운 것들로 치장해야겠습니다. 좌절과 분노. 실패와 무력감. 우울과 불안. 눈물과 애도. 고통이 남기고 간 영롱한 것들. 친절과 배려의 빛, 공감과 경청, 사랑과 생의 유한함. 유한함 속의 배려 끝없는 배려. 아, 선생님. 이것들을 잘 지키고 싶어요.

　벽에 기대어 삐딱하게 타인을 바라보던 시선은 여전한지 궁금하지 않으세요? 아직도 기울어져 있어요. 바람에 흔들리고 있어요. 기울어진 채로 세상을 보고 싶은 대로 보고 있어요. 저는 그 무엇도 의지하고 싶지 않았어요.

당신은 통로라는 말을 했습니다. 기억하고 있어요. 그 말의 의미를 어렴풋이 알고 있어요. 언젠가 뉴스에서 자유를 위해 헌신하다가 죽어간 사람들이 나왔을 때 당신이 생각났어요. 지극히 작은 삶이라도. 나의 삶은 당신의 통로라는 말과 같았으면 좋겠습니다. 당신으로 인하여 오래 지속되는 관계를 할 수 있게 되었다는 사실을 인정하게 되었어요.

날씨가 추워졌어요. 그러나 마음은 넉넉하고 따듯합니다. 조금 더 견디고 수용할 수 있는 상태로 이 계절을 지나갈 수 있을 것 같아요. 순환하는 날들과 변하는 날들. 정체되었던 날들과 넘어선다는 것을 선택하던 날들. 머물러 있는 것 같아 보여도 나아가고 있습니다. 내 안의 영롱함을 발견하게 해준 아름다운 슬픈 날이 생각나면 당신의 이름을 제 목에 걸고 오래도록 눈물을 흘립니다.

어른의 모양

길모퉁이를 돌면 집과 가까워지는 것이 아닌
바라고 상상하는 것들이 다가오는 상상을 해

사랑해서 하는 말이 아픈 말로 돌아오면
손에 들고 있는 것을 포기하고 싶어져 소리를 질러
보고 싶은 것을 보고 싶고
사랑하는 것을 사랑하고 싶다

낭만적인 사랑을 찾는 것, 멈추어야 할까
책에서 배운 내용이 세상에 다른 형식으로 적용될 것이라고
믿는다

  상상은 종종 현실이 되지만, 어떤 것들 위로하기 바쁘다

  마음에 지니고 있던 경계와 경계 아닌 것들에게 인사를
하는 행위

비교적 많은 것들 부인하고 싶은 날이 존재한다

밤마다 없어지는 사람이 있어

변하지 않았다
힘은 하고 싶은 것을 바라고 있지만
명확하게 잡을 수 없다
당신은 어디를 가고 있느냐고 묻지 않았다

누군가에게는 꿈
당신은 이루고 싶은 것들을 이루고 있는가

주황색이 좋아지는 확신을 말하기 시작한다
눈으로 감정을 말하기 시작할 때
흘러가는 것을 바라보며 즐거워해

낭만이 어딘가에 존재할 것이라고 믿는 믿음은

깊은 곳에서 헤맬 것이다

어른의 모양 2

발견되는 곳은 항상 거울 앞이었다

거울 안에 사람이 밖으로 나오려 할 때

그는 형용사일까 아니면 진실함일까

살아있는 것

모호한 문장이 보인다

무지개의 두 번째 색상

규칙적인 공간에 존재하는 비정형인 사람

사람들은 때때로 규칙적이다

규칙은 사랑받고 사랑하는 사람이 되는 방법을 알려준다

계단을 올라가던 소녀는 자라서 숙녀가 된다

상어 가오리 거북이

흐르던 물 냇가에 백로 오리 잠자리

겨울에 잠자던 사람이 꿈꾸던 미래

노란색 거울에 비친 눈동자

커다란 책장에 나열되어 있는 시집

사람이 고민에 있을 때 나오는 기도

만지는 것 만져지는 것 만질 수 있는 것

걷는 것 걷고 있는 것 걸을 수 있는 것

문을 열고 닫았다

옷걸이에 걸려있던 검은색 모자를 쓴다
살아서 움직이기
원하는 기도를 한다

수많은 초록과 초록을 둘러싸고 있는 사랑
사랑을 둘러싼 많은 소문 증오 진실
그것을 향하여 걸어가던 행위 그 앞에 멈추던 행위
눈물을 흘리던, 눈물을 닦던 사람
사랑을 쓰던 사람 초록을 읽던 사람

경배

 낮에 보았던 초록은 흰빛을 띠었다 흰색은 모양이 달랐다 짙은 초록색도 있었고 결이 다른 색도 보인다 숲에서 초록의 다양함을 보게 되었을 때 나는 같은 색을 저마다 다르게 표현할 수 있는 나무와 풀을 만든 신을 마주하였다

 입으로 말하던 옛날 말들을 말로써 말하는 내가 아팠다 옆에 있는 사람은, 내가 하듯이 너도 해보라고 말한다 나는 여러 번 죽었는데 그날은 내가 나를 죽였다 하나의 파괴였다 다른 사람은 모르겠지만 아빠는 자신보다 내가 나은 사람이 되기를 바랐다 다른 사람과는 달랐다 모양이 다른 사물과 움직이는 것이 존재하는 건 다양함을 사랑하고 중요시하기 때문이라고 주관적으로 해석하였다

 나는 반듯해 보이는 사람들 속에서 눈물을 흘린다 누군가 무지개를 가리킨다 누군가는 약속을 말하고 있다

죽어가는 것이 아프다 같은 색인데 잎사귀는 서로 다르다 잎사귀만 다를까 우리는 목소리를 잃어간다

등불을 밝히고 나를 향하면 어두운 사람이 길을 찾을 수 있다는 믿음 가장 좋아하는 색은 무슨 색인가요 같아도 다를 수 있다는 믿음에 확장되는 세계 속의 초록은 단지 감각

수잔은 집을 보러 갔다

수잔 : 여긴 어느 공간입니까.

중개인 : 침묵의 방입니다. 아무것도 말해선 안 되고
아는 것을 말해도 안 됩니다.

모르는 건 모르는 채로 존재하면 됩니다.

수잔 : 그럼, 무엇을 얻을 수 있나요.

(나비가 날아다닌다.)

수잔은 다음 공간을 구경하기 시작했다.

수잔 : 여긴 어느 공간입니까.

중개인 : 시장입니다. 아는 것을 말하는 곳인데,
과장해서 말해도 서로 이해합니다.

모르는 것도 아는 것같이 말하면 되는 방이에요.

수잔 : 좋아요, … 좋네요.

중개인 : 아직 다른 방이 남았어요. 더 둘러보시고 결정하

세요.

계단을 올라간다.

수잔 : 여긴 어느 공간입니까.
중개인 : 전시관입니다.
아는 것을 고상하게 말하고 없는 것을
보인다고 하는 것이 괜찮은 방입니다.
수잔 : 이 방, 괜찮네요. 다른 방보다,
그림이 저 그림이 아까 공간에 있던 것보다 좋네.
괜찮네요.

옆방으로 갔다.

수잔 : 여긴 어느 공간입니까.
중개인 : 감옥이에요.

수잔: 왜 이런 공간이 집에 있죠?

침묵의 방이랑 뭐가 달라요.

중개인: 다른 의미잖아요.

수잔: 여긴 열쇠로 잠그고 나가지도 들어가지도 못해요.

중개인: 그런 방입니다.

수잔: 어쩌면 이곳엔 성장이 없을지도 몰라요.

(수잔은 말을 들은 후, 방을 기웃거렸다.)

수잔: 이거 인테리어 바꿀 수 있는 거죠?

중개인: 아니요? 전세 구하시는 거 아니었어요? 어차피 전세만 되는데.

수잔: 시장도 전시관도 맘에 드는데 여기만 마음에 들지 않아요.

중개인: 그럴 거예요. 다들 이 방을 못 견뎌했어요.

(부동산 아저씨는 수잔을 바라보며 알 수 없는 표정을 지었다.)

(수잔은 고민하는 표정이었다.)

젊음의 용기

사람들이 빛 주위에 모여있다

초록은 흔들린다

모든 것은 한 길로 통했는데

나는 그 길을 알고 있다고 믿고 싶다

사람들이 빛 가까이에서 대화한다

단지 닮아가고 싶을 때 약속을 이야기한다

꽃은 피고 졌는데 나는 그것에 즐거워하고

용기를 내어 빛날 수 있다면 좋겠다

정신을 차리고 보니 낯선 곳을 헤매고 있었다

자기 자신이 되는 것으로

길을 나서고 싶었다

4부

기억하는 방식으로

그리고 과거는 지나갔고

 슬픔에 관하여 쓴다. 오래전부터 지금까지 울고 있었는데 근본은 누구와도 연결될 수 없던 슬픔에 대한 갈망이었다. 빈 곳을 바라보며 정확히 모호한 채 무언가를 채우고만 싶었다. 공허를 바라보는 눈은 공허하기만 하고 슬픔의 도시가 화려해서.

 슬픔을 애도한다는 건 아직 슬프기 때문인데, 슬픔의 이유가 희미하게 번지며 명확해지지 않는다. 슬픔을 위한 슬픔인지, 행위를 위해 초라해지는 연극배우인지 도무지 모순적인 사람은 모순 속에서 길을 잃는다. 헤매던 날들에 위로 같은 건 지극히 주관적인 따뜻한 말이 필요하다. 그러니까 슬픔이라는 단어가 커서 그 말들은 스쳐 지나간다.

 애도는 사람의 죽음을 슬퍼함이라는 뜻. 애도한다는 것은 사람을 향하여 있다. 슬픔에 대한 몇 가지의 이유를 쉼 없이 말했을 때 시간은 참 빨리도 지나가지. 그 이야기만 몇 년째 하고 있다.

 슬픔은 왜 자기가 슬픔인가에 대해 대답하지 않았는데

그 중심에 중요한 것 있을 것만 같아. 왜 그토록 중요했지? 방황한다. 오래전부터 실존을 향해 달리고 있었는데 슬픔을 놓으면 무언가 잡을 수 있을 것만 같아. 오래전 죽은 사람을 슬픔이 느껴지지 않을 때까지 기억하며 대체를 찾기 시작한다.

불확실성을 다루는 방식

 책상 위에 놓인 테이프에서 끊긴 흔적이 보인다. 끊기지 않았으면 얼마만큼 더 길게 오래 뻗어나갔을까. 테이프의 색은 검은색이다. 벽과 벽이 마주한 모퉁이에서 나는 멈춰 있었다.

 나는 테이프를 손으로 집었다. 손바닥에 들어가는 크기의 지름은 딱 그만큼이라 테이프를 한껏 움켜쥐었다가 손을 펼쳤다. 테이프를 손에 들고, 끊고 싶은 만큼의 길이에서 끊었다.

 해야 할 과제가 산더미처럼 쌓여있어서, 아직 절반도 오지

못했는데. 밀려있는 과제들로 앞으로 나가지 못한다. 벽면에 붙여진 크기가 다른 포스트잇에는 단어 정하기, 힘을 겨루는 것, 자기 통제, 자유로운 상황이라고 적혀있었다.

그렇지, 무엇이든 앞으로 가려면 그 전 단계가 이행되어야 했다. 포스트잇의 순서를 바꾸었다가 새로운 포스트잇에 글자를 썼다. '건더보기'라고 썼다. 한참을 멈추어 있었다.

나는 포스트잇의 위치를 바꾸었다.
아까 자른 테이프를 포스트잇의 사각 귀퉁이에 붙였다.

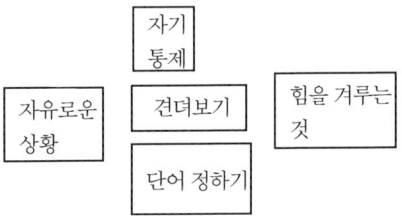

가운데에 새로운 포스트잇이 있는 것이 좋아 보였다. 다음 과제들이 있었기 때문에 책상 옆, 벽에 붙은 포스트잇은 얼마 지나지 않아 없어질 것이다.

분해

바닥을 보며 걷는다

외로움은 내가 누구인지 어떤 사람인지 알려주었다

작은 생명이라도 다르게 때리지 마

아빠가 멋진 나비가 될 수 있을 거야 라고 말했다

능선을 따라 걸어가는 길이 좋았다

가지들이 조금 많이 보이는 것이

진달래꽃이고 거북이 등껍질 같은 것이 소나무였다

지나온 길이 좋았다

다시 돌아서 갈 수 없는 길인데

두더지가 땅을 파놓은 흔적이 여러 곳에 보인다

순간을 보며 돌아오지 않을 것처럼 느껴지는

전구의 불빛이 켜진다

얼음 잔을 탁자에 놓으며 지나온 것과 파편들의
흔적들을 돌아봤다 나는 그런 것들이 좋아지기 시작했다
수화기 너머로 들리던 사람의 근황을 이야기한다
어떤 슬픔은 측량할 수 없고 비교 불가능해서
타는 불에다가 큰소리로 내가 불을 피웠던 이야기를 했다
그건 작게 말했어야 했는데

바스락바스락 소리는 귀를 기울여야 들을 수 있었고
  세상의 끝에서 만날 수 있는 사람이 누구냐고 물었던 저녁
  점점 멀어지는 출발지와 걷고 있던 바닥에 보이던 낙엽의
잔해

  공기와 흙과 발자국의 무게들에 낙엽은 형태를 알 수 없게
  분해되기 시작한다
  출발지를 떠나갈 때 시작된 고통은 어딘가에서부터 누군
가의

촉진제가 되었다

멈추어 선 곳에서 다시 걸음을 걸을 때 누군가 놓고 간 지팡이를 짚었다

소설의 첫 문장

많은 것들이 지나간 뒤였다 라고 시작하는 소설을 쓴다
소설의 내용에는 무언가를 향해 달려가다가
넘어지고 일어서던 시간의 얼굴을 담는다
이미 일어난 일들을 읽음으로

주제를 이끌어갈 수 있느냐는 물음은
어떤 것이 시작된 이후로
오랜 후에야 물을 수 있던 질문이었다

소설의 첫 도입 부분이

눈보라가 치고 폭설이 내린 어느 아침이었다
나는 문밖으로 펼쳐진 광경에 입을 다물지 못하고
한참을 서 있었다

라고 바꾸어도 괜찮겠다

계절이 바뀌고 나는 다른 사람과 손을 잡았다

가고 싶던 곳에 도착해서 보고 싶은 것을 보게 되었다

예전에 알던 것이 전부가 아니었다

다른 것을 시도하게 되었다

나는 진실한 사람일까

헤매던 곳에서 헤맸지만 길을 개척할 수 있었다

우는 날들이 많았지만, 결과보다는 과정을 선택할 것이다

흔히 볼 수 없는 것들과 일상 사이를 고민하지만

문장은 쉼 없이 이어졌다

침묵이라는 말이 단어로 쓰이지 않아도 느끼게 하고 싶다

마지막 문단과 마지막 문장에 마침표는 중요하지만

누군가 마침표가 없어요 물으면

그것은 살아있으므로

밤을 지나며 나는 가로등 불빛이 꺼지는 것을 바라보았다
곧 아침이 오리라는 것을 알고 있었기에 무섭지 않았다

이야기

 우리에게 있는 이야기는 무엇을 말하고 싶을까 2시간 40분 영화의 엔딩 같은 것 사랑은 피하고 싶던 충돌, 기댈 수 있는 보폭 삶은 늘어진 빨래, 구멍 난 옷가지들 빛을 바라보는 행위는 한낮의 해와 밤의 달 같다 그런 날도 있다 가고 싶은 곳을 간 후에 무엇을 말할 수 있을까 도착한 곳에서는 보고 싶은 것을 볼 수 있을까 달려가는 속력에 무슨 말을 할 수 있을까 새의 날개 같아서 멀리 갈 수도 있다고 말하고 만다

 이야기는 완결되고 싶어 한다 열린 결말을 어떻게 생각하는지 묻고 싶다 삶은 있잖아, 태어나고 죽음뿐이지만 삶의 선택지에서 다양한 이야기를 하고 싶다 좋아하는 색을 선택하고, 그것들을 살아가는 이야기를 하고 싶다 화자가 하는 이야기는 투명하고 덤덤하게 그를 알게 해줄 것이다 그는 자기 자신으로 서 있는 슬픔에 관해 이야기한다 나는 자기 자신으로 서 있는 사람의 이야기 듣는 것을 좋아했다

말의 언어

 어제 이후로 사람이 죽은 사람 위에 겹쳐 보일 때 많은 말들을 하던 사람이 수시로 문장 앞에 서 있다 지나던 말들은 공중에서 관계를 이루고 말들은 어딘가에서부터 변형을 일으킨다 서로 다른 빛들은 서로를 만나며 목소리를 내었는데 합쳐지는 소리는 무언가를 이룰 수 있는 움직임이다 말에는 힘이 있어서 힘이 없는 사람을 살찌우게 한다

 말에는 종류가 있다 진실로 아프고 그것은 잔인해서 결국에 모든 것을 놓아버리게 만들 수 있는 파급효과를 지닌 그들의 깊음과 그들의 농도는 사람 안에 벽을 허물고 마음을 연약하게 하는 몇 마디 말들로 그 사람을 알 수 있었다 이 문장은 오만일 수도 있다 아닐 수도 있다

 이어간다 어제로부터 이어진 문장의 마침표를 지우고 세우고 있다 말은 뚜벅뚜벅 걸어갈 것이다 말이 구체적인 형상이 되어갈 때 어제 이후로 이어진 문장에 무엇을 써 내려

가겠냐고 물으면 한참을 망설이다가 긴 침묵으로 마침표를 찍는다

전시회

수잔은 걸음을 옮긴다. 벽면에 문장이 보였다. 움직인 곳에서 수잔의 눈앞에 기하학의 그림이 펼쳐졌다. 빔-프로젝트로 벽을 향해 조명을 비춘 현대식 시스템에 구현된 작품이, 살아서 움직이고 있다.

공간에 고요가 흐르면 아름다움은 드러난다
There is beauty in the stillness

그림을 관람하는 사람들이 그리 많지 않았는데 한 그림에 오래 머무르는 사람이 보였다. 수잔은 발걸음을 옮겨 조심스럽게 그의 시선을 따라가 보았다.

입술에 손가락을 가져간 채로 짙은 브라운 지붕의 집 그림을 오래 들여다본다. 그림을 비추는 은은한 조명이 상황에 집중하게 만든다.

지나간 시간을 그리워한다
Time leaves a longing

   양복을 빼입은 사람과 전시회의 책임자로 보이는 사람이 보였다. 그는 맞춤 정장을 입은 듯 옷 맵시가 살아있었는데 그는 한 손에 양장 노트를 들고 있었다. 수잔이 가장 오래 머무른 그림은 '걷는 사람'이었다.

가지 말라는 말

 여기를 지나면 저쪽으로 협곡이 있습니다. 보이십니까? 사진찍기에 엄청 좋은 곳입니다. 물론 이곳에선 어디서든 사진을 찍어도 버리는 사진이 없지만 말입니다. 이곳은 지구의 역사를 보여줍니다. 우리 인류에 아주 중요한 자원입니다.

 가이드가 눈앞에 보이는 광활한 풍경을 이야기한다. 보다 더한 아름다움이 땅과 계곡과 지층으로부터 나온다. 퇴적된 것은 말을 하지 않지만, 그 자체로 말을 한다. 그것은 과거이지만, 넘어선 과거라고 불린다. 아니, 머물러 있지만, 그렇게도 괜찮은.

 이곳은 너무나도 광활하여 길을 잃는 경우가 해마다 몇 건이 있습니다. 앞 사람과 옆 사람 그리고 저를 따라서 잘 와주시길 바랍니다. 핸드폰이 통하지 않는 곳이 허다하니 그저 가이드를 잘 따라와 주시기 바랍니다. (세상에, 아직도

이런 곳이 있다니 -)

 따라간다면 나도 사람들이 보고 머물고 감탄한 것들을 볼 수 있었다. 예상되는 결과들이었는데 가이드는 오른쪽 길을 가지 않고 왼쪽으로 갔다. 오른쪽에는 정말 아름다운 협곡이 있었다. 길도 가파르지 않아 보였다. 나는 오른쪽으로 가고 싶었다.

 오른쪽은 별로 위험해 보이지 않지만, 사람이 죽었어요.

 속마음을 들킨 듯 앞장서던 가이드가 뒤돌아 말한다. 대개, 위로부터 오는 것이란. 기이한 모양을 하고 있을까. 우리는 그걸 은총이라 불렀는데. 하지만 대개 사람들은 평범하고 평범한 것을 추구하지만 독특한 것을 선호한다고. 나는 앞 사람을 따라 저벅저벅 걸어갔다. 똑같은 것을 보고 다르게 말하는 건 자신만의 눈이 필요하다.

가지 마세요. 거긴.

갑자기 이곳의 풍경에 눈이 먼 나머지 가지 말라던 곳을 갔던 사람들이 궁금했다. 궁금해하지 않아도 되는데 호기심은 이상한 곳에서 일어난다. 앞 사람을 따라가지 않고 풍경을 쫓아 자신만의 걸음으로 다다른 곳에서 보았던 사람들. 압도되는 것들을 보고 무사히 이곳의 출구를 찾아 나갔는지, 그것들을 보고 난 이후 삶은 달랐는지. 달라졌는지. 살아서 나갔는지, 죽었는지. 호기심이 말했다. 가장 궁금한 건 살아나간 이후의 삶이지.

가이드는 익숙한 곳인 양 그곳을 익숙한 걸음으로 걷는다.

숨이 멎을듯한 아름다움을 보고 온 사람을 발견하기는 어려웠는데, 그 이유는 내 앞의 사람들은 길을 벗어나지 않았기 때문이다. 그것이, 이유라면 이유였는데 나는 맨 뒤에 있었다. 가이드는 맨 뒷사람을 계속 주목하고 있다.

동시성

초록색 잎사귀는 다르게 피어난다

희미하지만 선명한 흔적으로
여린 초록은 가고 싶은 곳을 명확하게 말하고 있고
피워내는 행위는 아픔과 같아서 사랑이라고 불렀다
짙은 초록은 제사라고 말했다

자신이 가지고 있는 높은 이상을 향하는 행위는
조금 더 다른 언어를 써야 한다는 신념에 가까이 있어서
꿈은 과거의 지난함과 미래의 모호함에 마주 닿아 있다

서로 다른 빛들이 피어나고 있다
같은 것을 다르게 표현할 것이다

같은 동작을 일정하게 춤추는 것을 나는 군무라 불렀는데
반복되는 리듬과 속도로 동시성이 일어나는 곳에

군무를 기다리는 사람과 다양함을 기다리는 사람이 있다

군무는 다음의 것을 나타내곤 했다
모든 것이 계산된 행동으로
자신이 표현하고 싶은 것을 제한하는 행위
이것은 절제라는 것을 나타냈는데
아름다움을 언듯 보이곤 했다

끊임없는 반복에서 나오는 지극히 평범한 것
  때때로 군무는 대중적이었으며 압도되어 숨이 멎는 순간이 있다
  경이를 마주한 사람을 멈추게 하는 장면이었다

  여기저기서 꿈들이 처절하게 일어나고 아름답게 피어났다
  아주 오래전부터 달려왔던 그림을 향하고 있다
  서로를 바라보며 형이상학적인 춤을 췄다

마주 보며 춤을 춘다 서로를 향하여 웃는다

초록색 잎사귀는 다르게 피어난다

안이 궁금할 때

공간에 많은 것을 집어넣으면 내용물은 흘러서 넘친다

흐르는 것들에 놀라지 말아야 할 것은

넘치는 것들을 넣은 것은 자신이기 때문이다

: 해설

시詩의 거울을 통해서 본 삶과 이면에 숨겨진 이명異名의 나를 찾아서

이충재(시인·문학평론가)

1. 시와 시인을 생각하며

오늘이란 시대적 삶의 목전에서 사람들과의 잦은 만남을 선택하고 결정한다는 것처럼 모험적일 수가 없다는 생각을 자주 하곤 한다. 그 이유는 필자의 입으로 고백하지 않아도 공감하는 독자들이 많을 것으로 이해한다. 철학적 가르침을 통한 사실 하나를 기억한다. 이 사실이란 근거 아래 인간으로 하여금 사회적 동물이라고 명명해 온 것에 비하면 이는 분명히 불행한 모습이며, 사회가 원하는 지향점에서 한참 벗어나는 오류를 낳는 삶임에 틀림없다. 그럼에도 불구하고 여전히 현대 사회는 사람들을 만나고 헤어지는 것으로부터 힘겨워하는 상황을 연출하고 있는 분위기다.

이러한 사실성은 분명 사람들과의 만남에 있어서는 극도로 신중해야 한다는 이유를 설명해 주는 이면의 숨은 교훈으로도 들린다.

그래서 시인 한 사람의 일생이 담긴 시집을 만나면 자연스럽게 흥분이 된다. 또한 시집 원고를 읽으면서 작품론과 시인론을 병행하여 감상하게 되는 습관이 도지기 마련이다. 어쩌면 평설을 쓰는 사람으로서는 덜 냉정적이거나 덜 이성적일 수 있다는 평가를 받을 수가 있는 이유가 되기도 한다. 그만큼 이 시대는 참됨보다는 거짓이 성공의 가도에서 휘황찬란한 번영을 누리는 듯한 외연의 확장이 빛을 발하고 있다는 증거이기도 하다.

성공, 성취주의는 모든 것을 부정적 측면으로 획일화시켜 광의적으로 판단할 때 인문학의 중심 자체가 심각하게 흔들리고 있거나 아예 그 뿌리가 인생이란 지면 위로 돌출되어 고사 직전에 이르고 말았다는 자체 평가다.

그래서 진실되고 순수한 시인을 만나면 더욱더 그리움과 사랑과 애착이 자연스럽게 도지는 것이다.

손세하 시인과의 만남은 우연히 문학 단체 뒤풀이에서 만나게 되었고, 이후 잠깐 시문학과 삶과 종교에 대해서 나눈 대화 속에 문학정신을 향한 서로의 끌림을 발견하여 그 이후 두 차례 더 만나게 된 것이 인연이 되었다. 이후의 만남은 한 권의 시집 원고(『사랑하는가 혹은 미워하는가』)와 더불어 만남을 갖게 된 것이다.

그리고 결론을 내린 것은 손세하 시인을 구원하고, 위로하고 힘과 삶의 진실된 가치를 부여하고 인생의 가치와 의미를 느끼게 하고 난 이후의 행복과 불행을 분별하여 삶을 조종하는 기능으로써 시만 한 도구와 양식이 없다는 판단이 서게 되었다. 그 중심에서 볼 때, 이번 첫 시집은 분명하게 시인의 삶을 향한 마음의 창의 잠금장치용 손잡이를 스스로 열림의 상태로 고정시켜 놓고 독자들을 초대하는 계기가 되리라 믿는다.

손세하 시인을 만나면서 줄곧 생각하는 사람들이 서너 명 있다. 이 시집을 통하여 그들과의 만남이 성사된다면 아마도 손세하 시인에게는 더할 나위 없는 천군만마를 얻은 것처럼 의미있고 행복할 것이다.

그 첫 번째 지인은 메리 올리버이다. 그녀는 자신의 저서 『긴 호흡』〈힘과 시간에 대하여〉에서 다음과 같이 고백하고 있다. "창작은 고독을 요한다. 방해 없는 집중을, 그것이 열망하는 확실성에 이를 때까지, 반드시 즉각 얻어지는 것은 아닌 그 상태에 도달할 때까지 지켜보는 눈 없이 홀로 날아다닐 수 있는 하늘을, 그리고 프라이버시와 따로 떨어진 장소 – 서성이고, 연필을 질겅질겅 씹고, 휘갈겨 쓰고 지우고 다시 휘갈겨 쓸 장소를 방해자가 다른 사람이 아닌 자기 자신의 경우도, 더 많진 않더라도 그 못지않게 많다"

여기서 손세하 시인의 시적인 삶이 메리 올리버를 연상시키는 것은 두 사람의 삶의 여정에서 유사성이 발견되기 때문이며 동시에 이 세상 삶 속에서 인간이 추구하는 그리고 신이 부여한 진정한 삶의 의미와 가치를 발견하고 취하는 것이 어렵다는 것에 깊은 공감대가 형성되기 때문이라는 것이 필자의 생각이다.

그녀의 시집『세상을 받아들이는 방식』〈늘 공책을 들고 다니는 시인〉에서 말하기를 "공책에 무얼 휘갈겨 쓰고 있는 걸까?/ 거기 눈雪이 들어 있을까, 불이 있을까?// 그것이 시의 시작일까?/ 그것이 사랑의 편지일까?"이다.

그녀의 또 다른 저서『휘파람 부는 사람』에서 시인 로버트 프로스트의 말을 인용하여 말하기를 "우리는 유아기에 눈과 눈의 일치를 확립하는 것으로 시작한다. 아이는 시선의 만남을 통해 세상이 진짜이고 바람직한 것임을, 그리고 자신도 진짜이고 소중한 존재임을 배운다." 그만큼 손세하 시인의 삶은 첫 시집이란 광장을 통해서 유아기 혹은 소녀 시절의 순수와 미래를 향한 무한하고도 투명한 꿈이 이후의 장벽을 뛰어넘어 다시 자신의 삶을 제2의 전성기로 이끌어 주리라 확신한다.

두 번째 시인은 윌리엄 해즐넛이다. 그는『혐오의 즐거움에 관하여』〈학자들의 무지에 관하여〉에서 "이 사회에서 가장 분별 있는 사람들은 장사하는 사람들과 세상 물정에 밝은 사람들이다. 그들은 세상사가 어떠해야 한다는 데 대해 세세히 구분 짓지 않고 눈으로 보고 직접 아는 것을 가지고 이야기한다. 여자들은 흔히 남자들보다 더 분별력이 있고 허세는 더 적고 공론에 휩쓸리는 경우도 더 적다. 또한 사물에 대한 판단도 직관적이고 무의식적으로 받는 인상에 근거하기 때문에 더 진실하고 자연스럽게 판단한다." 손세하 시인의 삶이 지향해야 할 모범 사례라고 읽히는 부분이기도 하다. 해즐넛은 또 다른 에세이『왜 먼 것이 좋아 보이는가』에서 우리 삶을 그리고 시인으로서의 사명을 가장 극명하게 설명해 주고 있다. "우리는 난파선의 파편 같은 존재를 몽땅 끌어안고 표류하다가 욕망의 항구, 욕망의 안식처로 흘러 들어간다. 그리하여 우리가 애착하는 모든 것은 의도가 행동을 대신한다. 달갑지 않은 상황들이 누르는 압박이 제거되는 순간, 마음은 그 압박에 반동하여 탄성을 회복한다. 바로 이 마음이 우리의 본질을 반영하며, 신의 형상과 재결합한다. 지극히 보잘것없던 일들도 인생의 말년에 이르러 먼 관점에서 뒤돌아보면 회상에 회상을 거듭하면서 확대되고 풍요로워지며 급기야 흥미로워 보이기까지 한다." 이와 같은 메시지가 손세하 시인의 시인적 삶의 이정표가 되리라 믿는 것이다.

세 번째의 지인은 장영희 교수이다. 그녀는 『문학의 숲을 거닐다』에서 "문학은 일종의 대리 경험이다. 시간적·공간적·상황적 한계 때문에 이 세상의 모든 경험을 다 하고 살 수 없는 우리에게 삶의 다양한 경험을 제공함으로써 시행 착오 끝에 '어떻게 살아 가는가', '나는 누구이며 어떤 목표를 갖고 이 세상을 살아가고 있는가'에 대해 새롭게 깨닫게 한다. 그러므로 문학을 통해 우리는 삶의 치열한 고통, 환희, 열정 등을 느끼고 감동한다. 정신적으로 자라나고 삶에 눈뜬다는 것은 때로는 아픈 경험이지만 이 세상을 의미 있게 살다 가기 위해서는 꼭 겪어야 할 통과의례다."

손세하 시인이 지금까지 누구에게도 말 못 할 삶의 여정과 고뇌와 가벼운 슬픔과 분노 그리고 회의가 시라는 거울을 통해서 반사 작용화 되어 이후 시인의 삶을 더욱 아름답고 견고하게 세워주리라 믿고 확신한다. 그 시적 여정을 천천히 그리고 즐거운 마음으로 따라가 보기로 하자.

2. 시적 여정에서 맞닥뜨리는 시인의 문학적 상상력과 삶

포르투칼이 낳은 이명異名의 작가로 알려진 페르난두 페

소아의 문학 에세이를 읽다가 손세하 시인의 문학적 삶이 떠 올랐다. 시인의 첫 번째 시집 속에 등장하는 인물들의 실체와 동시에 정체성 그리고 시가 표방하고 있는 시대의 창 안과 밖으로 클로즈업되어 다가오는 시대상을 향한 시인의 상상력과 그 상상력이 추구하는 실제적인 진실 여부가 페르난두 페소아와 흡사하다는 공감대가 마련된 까닭이다.

페르난두 페소아는 그의 저서 『이명의 탄생』〈문학과 예술〉에서 다음과 같이 주장하고 있다. "문학이란 다른 모든 예술을 제공할 수 있는 지적 형태다. 시는 사상들의 음악적 틀로서 우리에게 자유를 제공한다. 시 안에 담긴 것을 이해하면서 우리가 원하는 것들을 보고 듣기도 한다. 모든 조각들과 그림들, 모든 노래들과 교향곡들은 이에 비하면 폭군과 같다. 시 속에서 우리는 시인이 말하고자 하는 바를 이해해야 하지만, 한편으로는 우리가 원하는 것도 느낄 수 있다."

손세하 시인이 독자들에게 그리고 세상의 폭군들과 혹은 유아들 같은 감정을 가지고 공존하는 수많은 독자들을 향하여 마음의 창을 열고 들려주는 메시지의 잔잔한 울림과 때론 거친 호흡의 박동소리에 모든 감각을 열고 다가서 보기로 하자.

살리는 말과 죽이는 말을 들었다

나는 집으로 돌아와 울었다
기대한다는 말
꿈을 꿀 수 있다는 사람 같다고 들려서 울었다
―「2019년」 전문

 필자는 이 짧은 시에 한참을 머물렀다. 어쩌면 이 한 편의 시를 통해서 지금까지 시인이 살아온 지협적인 시기를 지나서 끝없는 변환점을 경험하지 않았을까? 추측을 해보기도 했다. 어느 날 갑자기 혼자가 되어버린, 울타리 하나 없는 가건축물에 갇혀서 오지 않은 미래를 향한 불안 요소와 인생의 온갖 배반 현상들에 대해서 심각하게 고민하지 않았을까?
 친구도 가족도 그리고 곁에서 잔잔한 위로와 힘의 주체가 되어준 신마저도 나의 편이 아닌 것 같은 공허함에 갇혀서 하염없이 눈물을 흘려야만 했던 시인의 2019년의 그 어느 하루, 이틀 사흘, 나흘 그리고 이후에도 의도하지 않은 방점이 찍히는 날들을 생각하면서 이와 유사한 상황에 직면한 독자들을 향한 시인의 자기 상처적, 희생적 삶을 드러내 보여줄 그 무엇인가를 향한 비밀 노트에 옮겨 적은 사연들을 다시 재현되리라 기대하면서 다음의 작품들을 따라가 보기로 했다.

  이는 헤르만 헤세가 독일의 청년 문학도들에게 한 질문("귀하께서는 왜 굳이 시인이 되려고 합니까?")에 대한 스스로의 답("시인이 겉보기에 자유나 고립을 누린다고 생각해서인지도 모릅니다. 하지만 가면을 쓴 위선적인 시인이 되지 않으려면 시인은 높은 정도의 책임감을 가져야 하고, 스스로 희생해야 합니다. 그렇게 되면 귀하께서는 시를 지음으로써 물론 올바른 길을 걷게 됩니다. 그런 뒤에는 귀하께서 세월이 흘러 시인이 되건 되지 않건 아무래도 좋습니다.)과 같이 손세하 시인은 위의 시를 통해서 뒤에서 읽힐 시들의 복선을 깔아주고 있으며 이를 통해서 독자들에게 공감, 공유하려는 의지적 표현이 눈물 속에 나룻배인 양 다가서고 있음이 보여진다고 할 수 있다.

    시작을 알 수 없는 길게 늘어선 줄이 뚜벅뚜벅 앞을 향해 걸어가는 사람의 뒤로 이어진다 모두는 공통되는 주제에 대해서 깊은 말이 없다 침묵으로 이어진 길 자신의 삶에서 길을 걷는 것은 하나의 문을 지나가는 여정이다 이걸, 과업이라고 부른다지

    우주는 초원자의 폭발로 태어났다던 이론과 사람의 삶이 살아가는 미래는 알 수 없다는 것은 모두 책에서 배울

수 있는 내용이었다

어디서 시작되었으며 누군가로부터 만들어졌는가 우리가, 시작된 그곳이 어디였는지 우리는 만날 수 있는가

바람이 방향을 바꾸고, 그림자 지고 아침이 오면 긴 줄의 행렬을 바라보던 사람이 뚜렷하게 보인다 태초의 고민, 그 사람은 자신의 질문에 눈물을 흘린다
— 「질문만 하고 싶어」 전문

사실 대답보다는 질문이 더 어렵다. 사노라면 질문 투성이인 것 같지만 알고 보면 그 질문을 적재적소에서 잘하기란 여간 힘든 것이 아니다. 그럼에도 불구하고 스스로들 끊임없이 궁금해한다. 그 질문의 이면에는 현재적 상황이 못마땅하거나 또는 나와는 상관없는 듯하지만 상호관계성을 이루고 살아가는 통에 무의식 속에서나마 질문은 끊임없이 나의 뇌를 자극하고 말문을 통해서 갈등을 유발시킨다.

위의 시를 가만히 감상하다 보면 시인은 스스로가 만들어낸 형이상학적 질문 앞에서 멈칫멈칫거리는 것 같지만, 이미 그의 사고 의식의 틀에 상채기를 내고 달아난 것들을 회상하면서 대답은 삼가고 오직 질문만 하고 싶다는 의지적 표현이 마음을 때린다. 그 질문의 범위가 태초에 인간의 고

뇌와 갈등으로 인함이라고 인정하기를 부인하겠지만 사실, 존재론적, 공존 그리고 인간이 맞닥뜨리는 온갖 관계성으로부터 돌출되어진 궁금증이란 임계점에서 시인의 무의식, 의식적 호기심을 자극한 분명하고도 목적있는 질문임에는 틀림없다.

과연 그 질문에 다정다감한 눈높이와 언어의 높이와 강약을 조절하면서 다가와 답을 낼 수 있는 시인과 시인적 삶을 위로해 줄 수 있는 이웃들은 어디서 무엇을 하고 있을까? 그들의 걸음이 간절한 것은 시인과 필자의 마음이 한결같다.

그런 이웃들을 만나지 못하게 될 때, 시인은 끊임없이 불확실한 답보다는 질문만을 던지며 살아가는 선택을 멈추지 않고 하기를 원하는 눈치다.

> 우리는 꽤 오랜 시간 붙어있었지 궁금해 언제나 빛의 얼굴은 빛일까 자신의 기질을 포기할 만한 상황에서도 선은 선일까 궁금했던 것처럼 너는 되도록 빠르게 자신을 수용한다고 말해줬으면 좋겠다 인생에서 슬픔이라는 단어는 아예 없을 수는 없으니까 그림자는 그림자를 받아들이는 거 말이야 자신의 외면하고 싶은 부분을 인정하는 거, 단기간에 있을 수 없는 일이야 왜 항상 같이 살고 있는 사람 말고 다른 사람이 되고 싶어지는 것일까 날마다 밤이 되면 슬픔 속을 걷는 사람으로 변해갔다 몽롱한 사람만 기나긴

밤을 걷고 있지

 그림자가 없으면 이상하긴 해 내가 서 있는 반대에 있는 사람은 빛에 서 있던 사람 우리는 오래전부터 외면하며 살았다 라면을 먹고 잤다고 거짓말을 했다 지난밤을 새워 최선을 다해 사랑하지 못한 것을 후회하며 울었다 난 좋아해, 라고 말해 좋아하지도 않으면서 나를 견딜 수 있었으면 좋겠다 이건 아름다운 말들로 말할 수 있지 같이 걷는 게 어색하지 않으면 좋겠어 난 이 말을 하고 나서 밤의 창문을 열고 하늘에 떠 있는 달을 올려다보며 달의 뒷면은 검은색이라고 말했다 넌 웃었다
 ―「사랑하는가 혹은 미워하는가」 전문

 위의 시를 감상하면서 인간에게서만 찾아볼 수 있는 애증愛憎의 거친 파도의 물결이 자아내는 질량에 대해서 생각이 났다. 사랑하고 증오하는 삶의 껍줄이 하나라는 것을, 그 껍줄은 어디를 가든지 꼭 붙어있는 그래서 순식간에 속과 겉이 다른 것처럼 사람을 피곤하게 하거나 신경질적인 반응으로 결과를 예측할 수 없게 상황을 대 변혁시키는 관계성의 혼돈과 파괴를 일삼게 한다는 것을 선명하게 기억한다.
 아무리 사랑하고 죽을 때까지 영혼이 하나인 것 같이 관계하다가도 신경질적인 발작을 유도하는 화제가 스치고 지나가면 관계성을 초토화시켜 원수가 되어버리거나 영원한

그리움의 대상으로 화성에서 온 남자와 목성에서 온 여성으로 전락해 버리는 것이다. 21세기 천민자본주의에 물든 불온한 별 지구에서 공존하는 이들이 한결같이 경험하는 아픔이고 고통이고 분노인 것이다. 그러한 삶의 상황 앞에서 시인은 스스로 묻고 있다. '사랑하는가?' 혹은 '미워하는가?' 몇년 동안 사귐을 가지고 무엇을 숱하게 공유했는지, 어떠한 미사어구로 서로의 말초신경을 자극했으며 가장 귀한 세상 보화로 순간의 행복을 경험했는지는 모를 일이지만, 시간이 지나고 나면 백지인 듯, 불랙홀에 던져진 관계인 것처럼 처음부터 다시 물어야 하는 유치한 질문에 답 하나 내지 못하고 말, 삶의 실패자가 되어버리는 경우가 있다. 이 질문에 누구 하나 사랑한다거나 미워한다고 자신 있게 대답할 사람이 있겠는가. 그래서 때로는 침묵이 대답을 능가하는 귀한 마음의 도구가 된다고 할 수 있다.

제이의 일기장

3월 수요일

위기는 나를 보여줄 수 있는 기회입니다
기회는 쉽게 오지 않는다
마음이 아픈 기회를 노리기는 싫어

과거를 걸으며 지금에 있지 않을 때
내일을 이야기하며 어제에 있지 않을 때
나는 현실을 그럭저럭 살아가고 있는걸까?

후회하지 않았으면 좋겠어. 그럴 수 있으면 좋겠다

깊은 밤에는 잠을 자는데,
나는 나를 견디는 게 아직도 버겁습니다
죽고 싶은 만큼 살고 싶을 때

뒤돌아보니 지나간 순간이 다 아름다웠는데
사실은, 몰랐습니다
저녁인 줄 알았는데 새벽이라는 사실을 알았을 때
멈출 수 있었다

깊어지기 위해서 더 크게 우는 행위를
- 「그로부터 10년 후」 부분

위의 시를 감상하다가 문득 스쳐 지나가는 헤르만 헤세의 『그리움이 나를 밀고 간다』에서의 특별한 한 구절이 생각났다.

"시인이 다른 보통 사람들보다도 더 심하게 고뇌하는 부분은 바로 언어다. 시인이 생각할 때, 언어는 언제나 충분하지 않고 늘 속세에서 뒹굴고 있다. 시인은 이따금 그 사실에 대해 크게 불평을 터뜨릴 수 있다. 아니면 오히려 이 빈약한 도구를 가지고 작업할 수밖에 없는 자신의 운명을 증오하고 저주할 수 있다." "시인은 모든 것을, 그야말로 모든 것을 일상과 나누어 가져야 한다. 그가 '마음'이라고 말하면 그것은 사람의 내부에서 꿈틀거리면서 가장 활발하게 살아있는 것은 그의 가장 내밀한 능력과 나약함을 함께 지닌 것을 의미함과 동시에 심장 근육을 뜻하기도 한다."

시인이 맞닥뜨리는 아픔과 이별 그리고 건강성의 잃음 등 모든 것이 거룩하거나 아름다운 수식어를 동반한 명사형이 될 수는 없는 일이다. 그럴지라도 시인은 보편적인 사람들과는 달라 보여서 아무 일도 없었던 것처럼 노래를 해야 하는 특권층 아닌 또 다른 부류에 속하였기에 고뇌는 깊어만 가는 것이다. 그럴지라도 그 진절머리 나도록 아픈 고통일지라도 언어로 순화시키거나 강박시켜야 비로소 독자들 누군가는 위로와 힘을 받는다. 그 책임론은 당연히 시인의 몫이 아니겠는가. 손세하 시인의 삶의 파편적인 고통은 분명 누군가에게는 '위로의 약국' − 외롭고, 슬프고, 화나고, 상처받는 날들이 많고, 이해받지 못한다고 느끼고, 머릿속에는 온통 우울한 생각들 뿐이지요. 그들을 위해서 위로의 약국을 열어드렸습니다(안셀름 그륀)가 될 것을 확신한다.

우리는 이 아픔을 시로 승화시켜 독자들을 위로하거나 그들을 향한 에너지를 공급한다는 의미에서 한 가지는 꼭 기억해야만 한다.

"일반 시민의 언어도 시인처럼 세계 언어를 꿈꾸는 이상을 가지고 있다. 그러나 시인이 꿈꾸는 언어가 풍요로움으로 가득 찬 원시의 숲이며 무한한 오케스트라의 연주와 같다면, 일반 시민의 세계 언어는 그렇지 않다. 그의 언어는 아주 단순해서 마치 전보와 같은 기호 언어이다."

걸어가면서 멀어져가는 것들이 싫었다 멀어져가는 것들은 지독한 어린 시절의 고민과 닮아있어서 나무들은 옷을 벗는다 침엽수가 침엽수 모양으로 뻗어있다

걸어갔던 이의 이름과 헤매던 사람의 흔적

울창하고 우거진 숲에서 기억하는 지나간 나무의 나이테 하얀 눈으로 덮인 곳에서 겨울 내내 이곳에 찾아와 눈사람 만들고 웃고 뒹굴던 이들을 회상한다 장면은 멈추고 머무르게 한다

어디로든 길이 이어진 곳에서 왔던 길을 뒤돌아보며 걷는다 눈앞에 안개가 가득했었기에 보이지 않는 것에 대한

신비가 느껴졌는데 숲의 소실점까지 이어지는 길에서 홀로 걷는 사람에게 나무들은 말을 걸지 않는다 걸을 수 있고 멈출 수 있었다 도망갈 수 있었다 자신의 걸음으로 헤맬 수 있었다

— 「숲의 소실점」 전문

  손세하 시인은 늘 고뇌의 숲 한 곳에서 스스로만이 해독 가능한 사유의 언어를 가지고 홀로 소통의 수단으로 삼는 것 같다. 마치 데이빗 소로우가 콩코드 강과 메리맥 강을 거닐면서 사유하면서 길어 올렸던 바 "타고난 시인과 그렇지 않은 시인 사이에는 중요한 차이가 있다. 후자는 자신에게 다가오는 시적 착상을 알아차리거나 마주 대하지 못한다. 그 까닭은 너무나 희미하게 스쳐 지나는 탓에 그려내기가 어렵고, 심지어 의식에 어떤 인상조차 남기지 않기 때문이다. 시인의 섬세한 체질은 오후 내내 그저 혈관의 피만 빨리, 또는 천천히 돌면서 어디서 오는지 모르는 기쁨으로 넘쳐날 때 뚜렷이 드러난다."

  위의 시에서 드러나는 감성적 결과물을 담아내는 언어의 그릇은 외로움이다. 고독이다. 아픔이다. 쓸쓸함이다. 아쉬움이다. 허전함이고 공허함이다.

  어린 시절 어느 추억의 꼭짓점이든지, 침엽수림의 울창한 숲으로부터의 멀어짐이든, 환희의 기쁨을 안겨주는 관계성

의 변곡점이든 이 모든 인간 숲의 소실점 앞에서도 시인의 삶이 다른 이들과 다른 점을 기억할 때, 그리고 기억해야만 할 때, 분명 시인의 가야 할 길을 향해서 당당하게 걸어가야 하는 것이 맞다. 휘파람 불면서 유유히 주어진 소명자의 길을 걸어가야 하는 것이 맞다. 횔덜린의 말처럼 고독한 독행자의 신분을 흉배에 붙이고 살아가야 한다는 그 당위성이 위의 시에서 읽혀 참으로 좋다.

> 발견되는 곳은 항상 거울 앞이었다
>
> 거울 안에 사람이 밖으로 나오려 할 때
>
> 그는 형용사일까 아니면 진실함일까
> ─「어른의 모양 2」 전문

 위의 시는 상당히 단短 시에 해당한다. 그렇다고 의미가 사라지거나 반감되었다고는 결코 말할 수 없다.
 이 시는 시인 자신의 끊임없는 고뇌와 슬픔 그리고 아픔과 비애란 경험이라는 동굴을 헤집고 나와서 비로소 맞닥뜨린 맑은 햇살 온기를 받고 싹을 틔운 어린 생명력과 같은 가뿐한 마음으로 자신을 비롯하여 주변의 어른들이라고 자평하는 이들을 향한 조심스러운 질문을 곁들인다.

다시 말하면 오늘 이 시대를 살아가는 이들의 거짓된 그리고 명분뿐인 허상만을 지니고 늙어가는 이들을 향한 시인의 목 놓아 부르는 항변이며 동시에 외침이다. 어른이라고 해서, 학자라고 해서 물질의 유무가 신분을 결정짓는 천민 자본주의의 분포도가 높은 한반도에서 권력과 명예와 인기가 높은 이들이 칭송받는 듯한 기형적 현상이 빈번한 대한민국에서 시인은 단호하게 질문을 던지고 있다. 그들의 삶의 터전이 늘 반사적이고도 서로를 피드백할 줄 모르는 거울 속에 갇혀 있다는 것과 설령 그들이 조금의 자유와 여유를 찾았다고 외칠지라도, 과연 그들은 형용사적 꾸밈으로 분장된 어른일까? 아니면 진실되고도 진정성 넘치는 삶을 관조하며 살아낸 성숙한 어른이요 사람이요 인간일까? 묻는다. 시인의 이 물음에 시인뿐 아니라 모든 독자들이 손을 들고 자신 있게 답이라면서 외칠 수 있는 삶을 살아낸다면 아마도 이 땅이 천국이 아니겠는가.

테주 휴즈는 『오늘부터 詩作』에서 손세하 시인의 시적 경험을 충분히 뒷받침해 주고 있다.

"훌륭한 시인들의 작품은 그들이 과거의 어느 시점에서 겪었던, 혹은 그들 고유의 성격 때문에 반복해서 일어나는, 인상적이거나 개인적인 경험에서 나온 것입니다. 이 경험이 더 넓어질수록, 그러니까 평범한 일상에서 나온 것일수록 시인은 실로 위대해집니다."

그래서 시인의 아픔은 또 다른 누군가라는 영혼을 일깨우고 치유하는 원천으로써의 충분한 경험이자 동력이 된다고 할 수 있다.

손세하 시인의 첫 시집의 처음과 나중 그리고 중심을 강타하는 사실적인 주제는 존재론적 고독이며 또한 외로움이다. 그 고독과 외로움을 함께 공유할 사람들을 화자와 청자화시키고, 그들의 사이를 가로막고 허락하지 않은 사회의 면면을 뚜렷하게 기억해 내고, 몸부림치고 있는 시인의 절규가 느껴진다.

라르스 스벤젠은 『외로움의 철학』을 통하여 손세하 시인을 비롯한 외로움 중심에 둥지를 틀고 힘겹게 살아가는 사람들을 강하게 두둔하고 나서고 있다.

"인생이란 우리의 연결 욕구가 충족되리라는 보장도 없이 흘러가는 것. 어떤 이는 어쩌다 가끔 외롭고, 또 어떤 이는 외로운 줄 모르고 살건만 어떤 이는 날이면 날마다 외롭다. 외로움은 일상의 한복판에서 찾아올 수도 있고, 심각한 생의 위기에서 찾아올 수도 있다. 모두가 이 감정을 알지만 모두가 같은 방식으로 경험하지는 않는다. 그중 소수만이 장기간 심각한 문제로 볼만한 외로움을 겪는다. 실제로 어떤 이들은 외로움을 매우 다양한 방식으로, 매우 빈번하게 느끼기 때문에 고질적이라고 볼만하다. 일시적 외로움은 분명히 불편하고 고통스러울지언정 감당할 수가 있다. 그러나 고질적 외로움은 한 인간의 삶 전체를 서서히 강화시킬 위험이 있다."

 외롭고도 고독한 삶의 뜨락에서 우리 모두를 끌어올려 구원해 줄 도구로써 시문학이 충분히 역할을 하리라 믿는다. 그 견인 역할을 손세하 시인의 시들에게서 찾아볼 수 있으며, 손세하 시인의 창작열이 일구어낸 작품들이 지닌 혼으로부터 그 필요충분한 조건을 그리고 영혼적 성장통을 분명하게 느낄 수 있는 이유가 된다.

3. 시의 숲 그 소실점이 다시 삶의 새싹을 틔우는 옥토의 역할이기를 바라며

 여러 날을 손세하 시인의 작품을 품고 더불어 아파하고 외로워하며 그리워하면서 정체성을 찾아 고뇌의 여정에 동참했다.

이 한 권의 시집은 손세하 시인이 다시 한번 스스로가 성숙 성장하는 성장통을 겪고 일어서는 진단 보고서라고 해도 과언이 아닐 만큼 끊임없이 존재론적이고 사유적이다. 그리고 이와 더불어 주변의 사람들을 하나 둘 세워가면서 때로는 그들의 성향과 원죄의 원심력으로부터 망가져 가는 이 지구상의 인류들을 한몸에 끌어안고서 신음 한 번 내지 못하고 응축시켜만 놓았던 감성, 이성적인 응어리들의 산물로서의 시를 독자들 앞에 펼쳐 보이는 거룩한 예식의 현장이라고 표현하고 싶다.

그런데 그 현장의 소품들이 가식의 형상을 취하고서는 일반 독자들과 고통에 직면한 사람들과는 전혀 소통을 시도할 수가 없다. 다만 순수성을 밑천으로 한 시의 과원 중심에 심어진 과실수와 같은 역할을 하는 시인의 작품이라는 점에서 순수와 진정성이 그대로 노출되었다고 장담할 수 있고, 그 주인공으로서의 손세하 시인이 있기에 시우詩友들과 시의 애독자들의 신분과 정체성을 돌아보는 충분한 기회가 되었다고 생각한다.

이와 같은 마음으로 우리에게 이미 충분히 자리매김한 건강한 삶을 살아낸다면, 이 시집을 통한 시인의 외침과 응어리는 충분히 치유가 되리라 확신한다. 이 시집은 손세하 시인이 조금은 술래잡기 놀이를 했던 과거의 이력을 지우고 조금은 더 자신 있는 자신의 소리를 모아 세파를 향해 던지는 물수제비의 용기 있는 삶의 전진 역할을 하기에 충분하다고 생각한다. 그런 손세하 시인의 시적인 인생을 향해서 세 분의 시인들을 초대하여 그들로 하여금 격려의 메시지를 들어보는 자리를 마련해 본다.

보르헤스는 『문학을 말하다』에서 전문이 아닌 중요 문구로 격려사를 보내왔다. "제가 글을 쓸 때, 저는 상황이 아니라 꿈에 충실하고자 노력합니다. 물론 제 이야기들 안에는 진정한 상황들이 있습니다만, 어쨌건 그러한 상황들을 일정 정도의 비진실을 가지고 항상 말해야만 한다고 느꼈습니다. 이야기를 그것이 실제로 일어난 대로 말하는 데에는 만족감이 없습니다. 우리는 일들이 중요하지 않다고 생각할지라도, 그것들을 바꾸어야만 합니다. 그러지 않으면, 우리는 우리 자신을 예술가가 아니라 아마도 한낱 언론인이나 역사로 생각해야 할 것입니다."

김규동 시인은 에세이 『나는 시인이다』를 통한 축하의 메시지를 보내오셨다. " 사랑·죽음·생명은 영원한 시의 주제가 되지요. 한마디로 삶을 떠난 시는 존재할 수 없다는 겁니다. 혹 있다 하더라도 형태는 시겠지만 생명이 없고 죽은 시에 지나지 않아요. 결론적으로 살아있는 시는 무엇이냐? 펄펄 끓는 감정이 담긴 시라고 봐야죠. 그런 시를 만들어내는 게 시인의 존재 이유이고 살아있는 목적인 거예요."

김춘수 시인 역시 손세하 시인의 첫 번째 시집을 축하하는 의미에서 귀한 메시지로 격려를 돕고 있다.

"왜 나는 시인인가? 존재하는 것의 슬픔을 깊이깊이 느끼고 이해하려고 노력하기 때문에 시인이다. 그중에서도 사람이란 더없이 슬픈 존재다. 사람으로 태어난 슬픔을 아름다움으로 승화시켜야 한다고 깊이깊이 느끼고 생각하기 때문에 나는 시인이다. 그러나 나는 아직도 이 점에 있어 많이 부족하기 때문에 나는 시인이다. 그 상태를 시로 쓰고 있기 때문에 작품poem으로 다듬어 보려고 최선을 다하기 때문에 나는 시인이다."

끝으로 헤르만 헤세는 그의 『문장론』에서 시인들을 향한 그리고 시인 지망생들을 향해서 아름다운 그러나 충직한 조언을 아끼지 않고 보내오셨다. 귀한 메시지로 인해서 더한층 시인으로서의 성장과 성숙단계에 오르기를 거듭 당부드린다.

"시인이 되는 것이 대체 꼭 필요하다고 생각하십니까? 시인이 된다는 것은 많은 재능이 있는 젊은이에게 하나의 이

상입니다. 그들은 시인이란 존재를 독창적인 사람, 섬세한 감각과 정화된 감정을 지닌 마음이 순수하고 감수성이 예민한 사람으로 이해하기 때문입니다. 그런데 이런 덕목은 굳이 시인이 되지 않아도 누구든 가질 수 있습니다. 또 미심쩍은 문학적 재능을 갖는 대신에 그런 덕목을 갖는 게 더 낫습니다. 어쩌면 유명해질 수도 있겠다는 심정 때문에만 시인의 길에 관심이 있는 자라면 차라리 배우가 되는 게 좋겠습니다. 지금 시를 짓겠다는 욕구가 있다는 것 자체는 칭찬할 일도 부끄러워할 일도 아닙니다. 체험한 것을 의식 속에서 분명히 하고, 간결한 형태로 포착하는 습관은 귀하를 진척시키고, 진정한 인간이 되는 것을 도와줄 수 있습니다. 하지만 시를 짓는 일은 당신에게 해를 끼칠 수도 있습니다. 그것은 아주 많은 사람들에게 해악을 끼칩니다. 체험한 것을 순수하게 충분히 맛보는 대신 금방 아무렇게나 해치우고 처리하는 쪽으로 오도함으로써 말입니다. 귀하가 쓴 시 습작이 귀하에게 유리하고, 자기 자신과 세계에 대해 보다 명확히 알게 되고, 귀하의 체험 능력을 제고시키며, 귀하의 양심을 날카롭게 해주도록 귀하를 도와준다는 느낌이 드는 한 시 창작을 계속하십시오. 그러면 시인이 되건 안 되건 상관없이 귀하는 눈동자가 맑은 쓸모 있는 인간이 될 것입니다."

손세하 시인의 첫 번째 시집의 작품들을 통하여 조금은 더 시인의 자질을 높이고 동시에 시인의 삶의 내밀성을 다지는 계기가 되기를 바란다. 뿐만 아니라 시인으로서의 책임을 가지고 세상에서 당당히 독행자의 한 사람으로 살아갈 때, 인간의 참된 기쁨과 행복이 시의 집인 영혼의 안식처라는 공간 안에서 향기 가득 날릴 수 있기를 당부드린다.

 귀한 시집을 상재하시는 손세하 시인의 시집 출간을 축하드리며 시와 더불어 많이 활동적이고 선한 영적 에너지를 많이 확보하여 이 시대의 불온한 영혼들에게 양식이 되는 시 작품들을 많이 창작하는 행복한 삶이 되시기를 기원드린다.

156
현대시학 시인선

전체는 무슨 색에 가깝습니까

초판 1쇄 발행	2025년 7월 10일

지은이	손세하
발행인	전기화
책임편집	이주희

발행처	현대시학사
등록일	1969년 1월 21일
등록번호	종로 라 00079호
주소	서울시 서대문구 충정로 11길 26 현대빌딩 101호
전화	02.701.2341
블로그	http://blog.daum.net/hdsh69
이메일	hdsh69@daum.net
배포처	(주)명문사 02.319.8663
ISBN	979-11-93615-34-8 03810

○ 책값은 뒤표지에 있습니다.
○ 이 책의 판권은 지은이와 현대시학사에 있습니다.
   이 책 내용의 전부 또는 일부를 재사용하려면 반드시 양측의 서면 동의를 받아야 합니다.
○ 잘못 만들어진 책은 구입하신 서점에서 교환해 드립니다.